KB263688

인생
기도 *119*

인생 기도 119

지은이 | 안덕원
초판 발행 | 2025. 12. 17
등록번호 | 제1988-000080호
등록된 곳 | 서울특별시 용산구 서빙고로 65길 38
발행처 | 사단법인 두란노서원
영업부 | 2078-3333   FAX | 080-749-3705
출판부 | 2078-3331

책값은 뒤표지에 있습니다.
ISBN 978-89-531-5218-2 03230

독자의 의견을 기다립니다.
tpress@duranno.com   www.duranno.com

현대 그리스도인의
생애 주기에 따른

인생 기도 119

안덕원
지음

두란노

2부 / 동행의 기도

3부 / 연단의 기도

시련과 전환기 속에서 주님을 찾는 기도

《인생 기도 119》를 받아 들고 가장 먼저 떠오른 생각은 이것이었습니다. '아, 이 책은 기도에 대한 설명이 아니라 기도 자체구나.'

안덕원 교수는 신학교 강단과 목회 현장에서 기도와 영성, 그리고 성경적 삶에 대해 가르쳐 왔습니다. 특히 그는 성경에 근거한 기도의 내용을 정교하게 연구하는 동시에, 실제 삶 속에서 드리는 기도의 현실성과 진실함을 놓치지 않는 균형 있는 학자입니다. 이 책은 그러한 그의 신학적 깊이와 목회적 통찰이 자연스럽게 녹아 있는 작품입니다.

이번에 출간된 《인생 기도 119》에는 그가 오랜 기간 정리해 온 기도문들이 인생의 흐름에 따라 깊이 있게 편집되어, 현대 그리스도인들이 어떤 순간에도 하나님 앞에 서도록 도와주는 '기도의 지도'를 우리 손에 올려놓습니다.

안덕원 교수를 알고 있습니다. 그는 말보다 더 길게 기도하는 사람이고, 강의보다 더 깊게 하나님 앞에 머무는 사람입니다. 그의 기도는 꾸밈이 없고, 신학적 지식의 장식물이 아니라, 하나님 앞에 서 본 사람만이 드릴 수 있는 진심의 고백입니다. 그래서 이 책의 기도문 곳곳에는 한 신자의 눈물, 숨결, 기다림, 그리고 하나님의 응답을 향한 간절함이 배어 있습니다.

《인생 기도 119》는 인생의 시작부터 노년과 영원에 이르기까지, 우리가 살아 내야 할 모든 계절을 기도로 엮어 놓은 하나의 '영적 지도'입니다. 시작의 기도, 동행의 기도, 연단의 기도, 영원의 기도, 절기의 기도, 이 다섯 흐름 속에서 우리는 단지 기도의 언어를 배우는 것이 아니라, 하나님이 우리의 삶을 어떻게 이끌어 오셨는지를 다시 바라보게 됩니다.

특별히 이 기도문들은 시편과 주기도문, 성경 속 기도의 전통 위에 서 있으면서도, 믿음의 선배들이 남긴 기도의 향기를 담고 있고, 더욱이 저자의 실제 기도에서 길어 올린 고백들이기에, 한 문장 한 문장에서 깊은 울림이 느껴집니다.

이 책을 펼치다 보면 어느 순간 '이 문장은 나의 기도였구나' 하고 마음 깊은 곳이 흔들릴 때가 있습니다. 이 책의 큰 선물은 바로 여기 있습니다. 단지 따라 기도하도록 돕는 것을 넘어, 이 기도들이 우리 각자의 기도로 흘러가도록 인도한다는 것입니다. 기도가 막힌 이들에게는 길을 열어 주고, 기도가 메마른 이들에게는 생수를 부어 주며, 기도를 잃어버린 이들에게는 다시 하나님을 부르짖게 하는 힘이 있습니다.

저는 이 책이 목회자들에게도, 그리고 기도를 잘하고 싶은 모든 성도에게도 오래 곁에 둘 만한 영적 동반자가 되리라 확신합니다. 책장에 꽂아 두는 책이 아니라, 책상 위에 펼쳐 두고 계속해서 기도하며 길을 찾아가는 '동행의 책'이 될 것입니다. 부디 이 책이 한국 교회 곳곳에서 기도의 불씨를 다시 살리기를, 기도를 통해 하나님 앞에 돌아오는 세대가 일어나기를 간절한 마음으로 축복합니다.

《인생 기도 119》는 한 학자의 책이 아니라, 한 기도자의 인생입니다. 그 고백이 우리 모두의 기도가 되기를 소망합니다.

유기성 선한목자교회 원로목사

글 잘 쓰는 사람보다 기도 잘하는 사람이 부럽다. 사람들 앞에서 말 잘하는 사람보다 하나님과의 대화가 부드럽게 이어지는 사람을 닮고 싶다. 이 책으로 안덕원 교수는 탁월한 예배학자이기 이전에 예배자임을, 신학자(theologian)이기 이전에 하나님과 대화하는(Theo-logeo) 사람임을 보여 준다.

"취업을 위한 면접을 앞두고", "여행을 떠나기 전", "이상적인 배우자를 만나기 위해" 등 우리 삶의 다양한 순간들에 머무르며 그 자리에서 진솔한 언어로 기도한 것은 저자가 얼마나 맑은 사람인지 엿보게 한다.

이 책에 실린 모든 기도 중에 가장 반가운 것은 "기도가 잘 안될 때"다. 내가 자주 경험하는 문제이기 때문에, 또 우리의 많은 문제들 중 가장 심각한 문제이기 때문이다. 사실 우리의 유일한 문제는 '기도할 수 없음'이다. "기도할 수 있는데 왜 걱정하십니까?"라는 찬양 가사처럼, 진정으로 기도할 수 있다면 모든 문제는 뒤로 물러난다. 염려도, 미움도, 불안도, 과욕도 그렇다.

개신교 전통은 신자 한 사람 한 사람이 스스로 하나님께 나아갈 수 있는 존재임을 지나치게 강조한 나머지, 서로 도우며 하나님의 얼굴을 보여 주는 방법을 잊어버렸다. 자신의 보폭으로 자유롭게 기도의 숲으로 들어가는 것은 기쁜 일이나, 때로 우리는 그 숲에서 길을 잃기도 하며, 깊이 들어가지 못하고 언저리를 맴돌기도 한다. 좋은 기도문은 기도 안으로 깊이 들어가 하나님의 얼굴을 뵙게 하고, 그 음성을 듣게 해 준다. 그 마음과 일치를 이루게도 한다.

이 책은 따라 읽으면서 기도하기 좋다. 저자의 발걸음을 따라가다 가끔은 자신의 보폭에 따라 멈추어 서기도, 자기 말로 바꾸어 기도해 보아도 좋다. 이 책을 통해서 기도의 삶을 회복하는, 메마른 기도의 삶에 생기가 더해지는 은혜가 있기를 기대한다.

박영호 포항제일교회 담임목사

조금씩 정리해 둔 기도문을 여러분과 나눕니다. 아침에 묵상을 마치고 기도를 드리다가 적어 놓았습니다. 살아오며 겪은 일들을 주님께 솔직하게 이야기하다가, 어려움을 겪고 있는 이들을 생각하며, 그렇게 하나님이 기도의 마음을 주실 때마다 조금씩 기록했습니다. 예배를 위해 준비했거나 누군가의 부탁을 받고서 쓰기도 했고, 잡지에 기고한 것들도 있습니다. 막상 기도하려니 잘 생각이 나지 않아 적어 두었거나, 목회하면서 병원이나 일터의 심방을 위해 쓴 기도문도 있습니다. 목회에 서툰 이에게 미리 준비한 기도가 큰 도움이 되었습니다.

생각해 보니 기도문을 쓰게 된 이유 가운데 저의 '결핍'이 차지하는 비중이 높습니다. 부족함을 채우려고 나름 분투했지만, 여전히 투박하고 어설퍼 세상에 내놓기에 민망합니다. 미천한 이가 드리는 소박한 제안으로 여겨 주시기를 부탁드립니다. 저의 연약함을 통해 주님의 능력이 더욱 분명하게 드러나기를 소망합니다.

기도문을 정리하면서 다음과 같은 기준을 염두에 두었습니다. 우선 주님이 우리에게 가르쳐 주신 기도를 생각했습니다. 주기도문에서 우리는 하나님께 경배드리고, 하나님의 뜻을 구하고, 필요를 올려 드리고, 죄를 고백하고, 악에서 구해 주시기를 기도하고, 다시 경배의 자리로 돌아오는 구조와 내용을 발견할 수 있습니다. 매번 그렇게 기도하기 쉽지 않겠지만, 주기도문으로 기도한다거나, 주기도문을 모범으로 여기고 기도한다면 참 좋겠습니다.

시편의 기도들은 정말 좋은 사례입니다. 저는 사소해 보이는 일까지 평범한 언어를 사용하여 기도의 자리로 가져온 시편 기자의 마음을 따라 기도했습니다. 시편이 담고 있는 하나님의 현존을 고백하고, 다양한 인간 감정의 표현들에 공감하면서 기도한다면 그 또한 좋은 기도의 방법이 될 것입니다.

성경은 풍성한 기도의 자료를 담고 있습니다. 예를 들면, 골로새서 3장 15-17절은 초대 교회 성도들이 드렸던 아름다운 예배와 삶의 모습을 알려 줍니다. "그리스도의 평강이 너희 마음을 주장하게 하라 너희는 평강을 위하여 한 몸으로 부르심을 받았나니 너희는 또한 감사하는 자가 되라 그리스도의 말씀이 너희 속에 풍성히 거하여 모든 지혜로 피차 가르치며 권면하고 시와 찬송과 신령한 노래를 부르며 감사하는 마음으로 하나님을 찬양하고 또 무엇을 하든지 말에나 일에나 다 주 예수의 이름으로 하고 그를 힘입어 하나님 아버지께 감사하라."

저는 이 말씀을 읽으면서 초대 교회 성도들이 드렸던 예배를 상상합니다. 소박한 가정집에 모여 주님께 감사하고, 말씀을 나누고, 시편을 읽거나 노래하고, 자신들이 만든 노래를 부르면서 기뻐했을 모습을 그려 봅니다. 하나님이 주신 은혜에 감사하는 마음으로 꾸밈없이 드리는 기도를 주님이 아름답게 보시고 기뻐 받으셨을 것입니다. 그 마음을 기도에 되살려 보고 싶었습니다.

기도가 신앙을 형성하고, 그 믿음이 일상을 바꾸고, 삶의 고백들이 다시 기도의 자리를 찾아오는 아름다운 순환이 기도를 나누는 모든 분에게 이루어지기를 소망합니다.

믿음의 선배들이 남긴 기도들이 참 귀합니다. 성령께서 기도의 마음을 주셨을 것입니다. 인생의 다양한 경험에서 우러난, 하나님의 도우심에 대한 웅숭깊은 고백과 감사의 언어들이 시대와 장소를 뛰어넘어 여전히 큰 감동을 불러일으킵니다. 기도문의 작성을 위해 저는 주옥같은 선례를 참고했습니다. 그분들이 사용했던 표현들은 모두 주님이 주신 선물이라고 생각합니다. 그 고백의 강물에 발을 담가 보는 경험은 참 기쁘고 소중합니다.

이렇듯 기도문을 정리하며 성경 말씀을 그대로 사용하기도 했고, 탁월한 저자들이 쓴 기도문을 읽다가 감동이 되어 적어 둔 것을 포함했습니다. 지인들로부터 추천받은 내용을 기도문에 직간접으로 인용하거나 기도문에 사용한 표현을 녹여서 담기도 했습니다. 인용처를 통해 원작을 찾아보실 수 있을 것입니다. 모쪼록 그분들의 통찰과 지혜와 고백이 독자 여러분의 마음에도 풍성히 담기기를 바랍니다.

기도를 다섯 부분으로 분류하여 수록했습니다. 첫 번째, "시작의 기도"입니다. 믿음의 시작 단계에 필요한 기본적인 내용들과 일상에서 자주 마주하는 일들을 염두에 두고 구성했습니다. 두 번째, "동행의 기도"입니다. 가정과 일터와 공동체 속에서의 신앙생활을 생각하며 기도문을 정리했습니다. 세 번째, "연단의 기도"입니다. 시련과 전환기 속에서 주님의 도우심을 구하는 기도를 모았습니다. 네 번째, "영원의 기도"입니다. 노년의 삶을 염두에 두고, 신앙의 성숙과 완성을 향하는 내용을 담았습니다. 다섯 번째, "절기의 기도"입니다. 예수 그리스도의 생애를 따라가며 우리의 삶을 돌아보는 교회의 소중한 유산인 교회력에 맞추어, 개인적인 기도나 대표기도, 혹은 가정예배나 소모임을 위해 활용할 수 있도록 준비했습니다.

기도문을 쓸 때도 그러했고, 정리하면서도 일상에서 사용하는 쉬운 표현으로 솔직하게 쓰고자 애썼습니다. 그럼에도 불구하고 다소 딱딱하게 여겨지는 표현도 있고 형식적으로 보이는 부분도 있을 것입니다. 충실한 내용을 담고 싶은, 어설프지만 나름의 선한 의도가 있었음을 이해해 주시기를 부탁드립니다.

열린 마음으로 기도문을 읽으시고, 여러분의 언어로 바꾸어 기도해 보시길 바랍니다. 이 기도가 여러분의 고유한 표현 방식을 통해 일상에서 새롭게 살아나게 되기를 소망합니다. 덧붙여, 기도 제목과 관련된 성경 구절과 찬양을 찾아보고 함께하시면 좋겠습니다.

기도의 의미와 목적은 한결같습니다. 여러분이 드리는 기도가 우리의 눈을 주님께 맞추고 우리의 마음을 주님께로 향하게 하는 데 도움이 되고, 주님과 동행하는 여정에 친밀한 벗이 되기를 기대합니다. 우리의 영혼이 날마다 주님과 함께 호흡할 수 있기를, 주님 생명의 기운이 우리 안에 가득하기를 바랍니다. 그분의 임재 안에서 참 기쁨과 평안이 넘치기를 소망합니다. 무엇보다 성령께서 친히 우리를 위해 간구하신다는 사실을 잊지 않았으면 좋겠습니다. 기도문을 읽고 나누는 모든 분에게 성령의 조명과 어루만지심이 있기를 소망합니다.

함께 기도를 나누고 기도문을 쓰는 과정에 도움을 준 많은 분이 있습니다. 기도문을 읽고 좋은 의견을 나누어 주신 김주희, 박진희, 서애지, 송혜원, 신예원, 정희애, 차두진 님께 마음을 담아 감사드립니다. 기도문을 책으로 만들어 주신 도서출판 두란노 관계자분들의 노고에 감사의 인사를 전합니다. 이 책의 출판을 위해 재정적인 도움을 제공해 주신 횃불트리니티신학대학원대학교와 조태민, 김경희, 김월섭 님께 감사드립니다.

사랑하는 가족들의 응원에 고마운 마음을 전합니다. 성경 읽기와 기
도를 참 좋아하셨던, 지난해 하나님의 품에 안기신 사랑하는 어머니
문규자 권사님께 그리움과 감사의 마음을 담아 이 책을 드립니다.

2025년 11월 대림절을 기다리며
저자 안덕원

1부 ______ 시작의 기도

믿음의 첫걸음에서_________ 청년기까지 드리는 기도

새로운 아침을 시작하며

시 5:3; 호 6:3

하늘에 계신 아버지, 감사합니다. 지난밤 당신께서는 저를 평안 가운데 보호해 주셨습니다. 간구하건대 오늘 하루도 모든 악행과 불의로부터 저를 보호해 주시고 무슨 일을 하든 당신의 기쁨이 되게 하소서. 제 몸과 영혼, 저의 모든 것을 당신 손에 맡깁니다.[1]

사랑의 주님, 오늘 새로운 날을 선물로 주심에 감사드립니다. 주님이 허락하신 축복에 감사하며 찬양하는 하루가 되게 하여 주옵소서. 거룩한 목적을 마음에 품고 주님의 아름다움과 신실하심을 따라가게 하옵소서. 주님과 깊은 관계 속에서 성숙해지는 시간이 되게 하여 주옵소서.

오늘 제가 나누는 대화와 제가 하는 모든 일에 주님이 함께해 주시기를 간구합니다. 그리하여 제가 하는 모든 일이 주님의 영광을 드러내는 일이 되게 하옵소서. 주님의 시선으로 만나는 이들을 바라보게 하시고 주님의 마음으로 상대하게 해 주옵소서.

제 입술의 모든 말과 마음의 묵상이 주님께 열납되며 많은 이들에게 격려와 환대를 베푸는 도구가 되게 해 주옵소서. 저를 주님의 은혜와 사랑의 통로로 사용해 주시고 주님의 구원의 빛을 전하는 하루가 되게 하여 주옵소서.

성령께서 오늘의 여정에 동행이 되어 주셔서 제 연약함을 돌보시고 부족함을 채워 주시기를 원합니다. 예기치 않은 일들로 인해 낙망하거나 좌절하지 않게 하시고 용기와 믿음으로 다가오는 문제들을 대처하도록 인도해 주옵소서. 주님만이 피할 바위이며 산성이심을 고백하오니 저의 출입을 지키시고 안전하게 보호해 주시기를 간절히 소원합니다.

아침마다 거울에 비친 제 모습을, 선한 목적을 위해 만들어 주신 주님의 선물로 보기를 원합니다. 주님이 사랑하시며 언젠가 구속하셔서 온전케 하실 저의 몸 안에서 기뻐하는 오늘 하루가 되게 하옵소서.[2]

예수님의 이름으로 기도합니다. 아멘.

따라 쓰는 한 줄 기도 (기도문을 읽고 새기고 싶은 문장을 필사해 보세요)

내가 드리는 한 줄 기도 (기도문의 제목에 맞춰 자신의 언어로 써 보세요)

식사 시간에
시 136편, 104:27-28

하나님, 우리의 모든 필요를 아시고 채워 주시는 주님의 은혜에 감사합니다. 배고픔과 목마름을 채워 주시는 주님의 사랑을 찬양합니다. 이 놀라운 축복을 당연한 것으로 여기지 않게 하시고, 우리를 먹이시는 주님의 섭리를 깊이 묵상하게 하옵소서.

세상의 모든 만물을 지으시고 우리로 하여금 창조 세계를 마음껏 누릴 수 있도록 축복하심에 감사합니다. 또한 수많은 손길을 통해 이 음식이 우리의 식탁에 왔음을 기억합니다. 이 음식에 많은 이들의 땀과 눈물이 담겨 있음을 잊지 않게 해 주옵소서.

우리에게 일용할 양식을 주신 주님께 마음을 다해 감사하게 하시고, 모든 것이 주님에게서 왔음을 기억하며 하나님의 도우심을 구하는 겸손함을 잊지 않게 하옵소서. 주님, 다른 이들의 양식을 탐하거나 다른 이들보다 더 많이 갖기 위한 허망한 수고를 멈추게 하옵소서. 육의 양식에 연연하는 삶이 아니라, 하늘의 양식을 갈급해하는 지혜로운 성도가 되게 하소서.

매일매일 풍족하게 허락하시는 주님의 섭리를 깊이 생각하게 하옵소서. 그리하여 이 음식을 먹고 건강하게 하시고 이 음식을 통해 힘을 얻어 주님의 나라를 세워 가는 데 사용되기를 원합니다.

특별히 음식을 함께 나누지 못하는 이들이 있음을 기억하며 주님의 위로와 도우심을 간구합니다. 주님의 마음과 삶을 닮아 우리도 생명의 떡을 그들과 나눌 수 있기를 원합니다. 주님이 우리에게 기꺼이 베풀고자 하시는 아름답고 부요한 마음을 허락하시고 우리를 통해 생명의 양식이 나누어지도록 인도하여 주옵소서. 먹고 마실 때마다 주님께 영광을 돌리고 감사의 찬양을 드리게 하옵소서. 예수님의 이름으로 기도합니다. 아멘.

따라 쓰는 한 줄 기도

내가 드리는 한 줄 기도

잠자리에 들기 전에

마 11:28; 약 1:17

사랑의 하나님, 오늘도 주님의 도우심으로 하루를 보내고 이제 안식을 취합니다. 저를 보호해 주심에 감사드립니다. 오늘 하루도 주님의 선물임을 기억하며 인도하시고 동행하신 주님의 사랑에 깊이 감사드립니다.

오늘 있었던 모든 일을 주님 앞에 내려놓습니다. 주님의 뜻대로 말하고 행동하려 했으나 수많은 실수가 있었음을 고백합니다. 주님의 용서를 구합니다. 저의 연약함과 죄악 됨을 용서하시고 주님의 자비로 저를 덮어 주옵소서.

오늘 잠을 청하며 평화로운 안식을 구합니다. 내일 새로운 날이 다가옴을 기대하며, 오늘 밤 주님 안에서 편히 쉬고 내일 아침에 감사하는 마음으로 깨어나게 하옵소서.

무엇보다 주님의 놀라운 섭리와 계획을 신뢰합니다. 내일도 주님이 제 삶의 주인이 되어 주셔서 주님을 따라 바른 길, 선한 길 걷게 하옵소서. 주님의 뜻에 맞는 결정을 내리며, 주님이 원하시는 말과 행동으로 주님께 영광을 돌리며, 이웃에게 선한 영향을 끼치게 하옵소서.

날마다 주님께 더 가까이 가며 주님의 장성한 분량까지 자라게 해 주시기를 소망합니다. 오늘 밤에도 주님이 저를 지켜 주시고 주님 만나는 그날까지 늘 함께하시고 인도하실 것을 믿습니다.

제 몸과 영혼 그리고 모든 것을 당신 손에 맡깁니다. 거룩한 천사가 함께하게 하셔서 악한 원수가 힘쓰지 못하게 저를 도와주소서.[3]

예수님의 이름으로 기도합니다. 아멘.

예배를 드리기 전 예배를 준비하면서

하나님 아버지, 오늘도 예배의 자리로 우리를 불러 주심에 감사합니다. 주님의 임재 앞에 겸손히 나아와 주님의 거룩한 이름을 찬양하며, 주님의 말씀에 귀 기울이며, 마음의 모든 소원을 담아 기도합니다. 이 시간이 주님을 기쁘시게 하고 주님과 깊은 교제를 나누는 시간이 되기를 간구합니다.

이 예배의 시간에 주님의 사랑과 능력을 경험할 수 있도록 준비시켜 주옵소서. 주님의 영이 이 자리를 가득 채우시고, 우리가 영과 진리로 주님을 예배하게 하옵소서. 주님의 영광이 밝히 드러나며 주님이 구원하시는 역사를 경험하는 시간이 되게 하옵소서.

이 예배의 모든 순서가 주님의 영광을 드러낼 수 있도록 우리의 찬양과 기도와 묵상을 인도하여 주옵소서. 주님의 은혜로 우리를 새롭게 변화시켜 주옵소서. 우물가의 여인에게 베풀어 주신 영원히 마르지 않는 생명의 물을 마시게 하옵소서. 우리의 예배가 진실되고 거룩하게 하옵소서. 주님의 위대하심과 성실하심에 집중할 수 있도록 모든 방해 요소를 없애 주시고 주님만 온전히 바라보는 예배가 되게 하옵소서.

주님, 우리의 마음이 산만해지고 무뎌질 때마다 성령께서 우리를 일깨워 주옵소서. 지난 한 주간 지치고 상한 마음을 주님의 은혜로 어루만지시고, 무거운 짐을 잠시 내려놓고 오직 주님의 얼굴만 바라보게 하옵소서. 이 시간이 우리 영혼의 안식과 회복의 시간이 되게 하시고,

주님과의 동행을 새롭게 결단하는 시간이 되게 하옵소서.

　예배를 통해 베푸시는 삼위일체 하나님의 은혜와 사랑과 감동이 우리의 삶에서 풍성한 열매로 맺히게 하옵소서. 예수님의 이름으로 기도합니다. 아멘.

따라 쓰는 한 줄 기도

내가 드리는 한 줄 기도

예배를 드리고 예배자로 살기를 결심하며

롬 12:1; 벧전 2:9

사랑의 하나님, 주님의 은혜를 만끽하는 축복의 시간을 허락하심에 감사합니다. 주님을 찬양하고 주님의 임재 안에 거하는 기회를 주심에 감사합니다. 함께 예배드리는 믿음의 공동체로 인해 감사드립니다.

이제 교회를 떠나며 우리의 일상에서 참된 예배자로 살아갈 것을 다짐합니다. 이 결단이 흐려지지 않도록 주님이 도우시고 인도하여 주옵소서. 성령께서 도우사 예배에서 사용한 감사와 찬양의 언어들이 우리의 입술을 통해 그대로 나오게 하시고, 우리의 행동에서 아름답게 드러나게 하옵소서.

우리의 일상에서 주님의 은혜의 흔적이 나타나게 하옵소서. 우리가 보내는 하루하루가 주님께 영광을 돌리는 시간이 되게 하시고 거룩한 산 제물로 드려지는 기회가 되게 하옵소서.

우리의 모든 관계 속에서 친절과 겸손과 성실함이 드러나게 하옵소서. 우리의 삶이 주님의 사랑에 대한 증언이 되게 하셔서, 우리를 통해 우리의 이웃들이 주님의 모습을 발견하고 주님의 은혜를 느끼게 해 주옵소서. 우리가 진정으로 믿음을 실천할 수 있도록 필요한 힘을 주시고, 다른 사람들이 우리를 통해 주님의 빛을 볼 수 있도록 주님의 환한 빛을 우리의 여정에 늘 비춰 주옵소서.

우리가 주님의 인도하심을 신뢰하고 주님을 섬기는 기쁨을 찾으며 굳건히 헌신할 수 있도록 날마다 우리의 삶에 동행이 되어 주옵소서.
예수님의 이름으로 기도합니다. 아멘.

하나님과 좋은 관계를 유지하기 위해

약 4:8; 마 22:37-38

하나님 아버지, 주님의 변함없는 사랑과 저와 가까이 계시겠다는 약속에 감사드립니다. 매일 저를 주님께 더 가까이 인도해 주실 것을 확신하며 주님을 신뢰합니다. 주님이 늘 옆에 계셔서 저의 모든 삶을 살펴보시고 도우시며 보호하신다는 사실을 다시 한 번 묵상합니다.

주님, 주님과 더 깊고 거룩하며 아름다운 관계를 갖기 원합니다. 매일매일 주님의 임재를 고백하며, 주님이 원하시는 일들을 생각하고, 주님이 인도하시는 길로 가기를 원합니다.

주님, 제 마음과 뜻과 정성을 다해 주님을 사랑하기 원합니다. 사슴이 시냇물을 찾기를 갈망하듯, 주님의 사랑과 말씀을 사모하게 하옵소서. 매 순간 주님을 찾고, 주님의 임재를 갈망하도록 도우시고 인도하옵소서.

주님이 제 안에 계시듯이 저도 주님 안에 머물도록 도와주옵소서. 참 포도나무인 주님과 늘 연결되어 생명의 기운을 받아 누리게 하옵소서. 당신의 말씀을 늘 사모하며, 발걸음에 빛과 등으로 삼게 하옵소서. 주님으로부터 참된 위안을 얻고 새로운 힘을 공급받기 원합니다.

주님, 제가 교만하여 주님과의 만남을 소홀히 여겼던 시간, 저의 욕심으로 인해 주님을 망각했던 순간들을 용서하옵소서. 주님을 향한 사랑과 열정이 제 마음에 늘 타오르게 하옵소서.

저의 일상이 주님의 은혜와 사랑을 증명하는 도구가 되게 하시고 언

어와 행실에서 주님과의 아름다운 관계가 드러나게 하옵소서. 우리의
구주이시며 친구이신 예수님의 이름으로 기도합니다. 아멘.

기도가 잘 안될 때

롬 8:26-27; 약 1:5

하나님 아버지, 주님 앞에 서기가 참 어렵습니다. 제 어려움과 약점을 인정하기가 쉽지 않습니다. 교만함을 내려놓지 못했습니다. 주님께 제 소망과 꿈을 이야기하지 못하고 있습니다. 자격지심에 빠져 용서와 사랑의 하나님을 망각했기 때문입니다. 자꾸 미루고 주저합니다. 게으름 때문이며 용기가 부족하기 때문입니다.

주님, 그럼에도 불구하고 제 기도를 기다려 주시고 귀를 기울여 주심에 감사드립니다. 주님은 이미 제 마음을 아시고 제가 직면한 여러 가지 문제들을 주목하고 계십니다. 제 마음속에 담아 둔 모든 것을 주저 없이 주님 앞에 내려놓게 해 주옵소서. 담대히 주님께 이야기할 수 있는 용기를 허락하여 주옵소서.

주님, 저를 불쌍히 여기시고 도와주옵소서. 저의 입술을 열어 주옵소서. 정직하게 주저 없이 말하게 하옵소서. 기도를 통해 주님을 만나며, 주님의 뜻을 발견하고, 주님의 부탁을 듣게 해 주옵소서.

천박하고 무지해도 마음속에 담긴 소박한 간구에 주님이 응답하실 것을 믿습니다. 설령 제가 말할 수 없는 아픔으로 침묵할 때도 주님은 마음 깊은 곳에서 울리는 제 신음 소리를 들으신 줄로 믿습니다. 부족하고 자격 없는 저의 모든 기도를 주님이 아름답게 이루실 것을 믿습니다.

주님의 임재 안에서 참 기쁨과 평화를 찾도록 해 주시고 주님과 항상 대화하며 복된 삶을 살아가도록 인도하여 주옵소서. 어리석고 둔감하지만, 주님이 도우시면 저도 사랑과 격려의 말씀으로 기도하며 복음을 전하는 입술로 살아갈 수 있음을 믿습니다.

주여, 도우시고 함께하소서. 주님, 제 마음을 주의 성령으로 채워 주시고 인도하옵소서. 그리하여 주님의 뜻을 따라 말하게 하시고, 주님의 소망을 품게 하시며, 주님의 나라를 위해 헌신하게 해 주옵소서. 예수님의 이름으로 기도합니다. 아멘.

따라 쓰는 한 줄 기도

내가 드리는 한 줄 기도

기도의 응답이 늦어질 때

시 5:1-2, 42:5

아버지 하나님, 주님 앞에 다시 나옵니다. 여전히 답답하고 불안한 마음이 있음을 고백합니다. 절박한 심정으로 주님을 부르오니 응답하소서. 주님, 제 기도에 응답하여 주옵소서.

혹여 제게 부족함이 있다면 간절히 기도하오니 주님이 원하시는 모습으로 만들어 주옵소서. 무엇보다 정결한 자로 주님 앞에 서기 원하오니 부정하고 원망하는 마음을 지워 주시고 제 마음을 깨끗하고 거룩하게 만들어 주옵소서. 제 머리로 주님의 섭리를 온전히 이해할 수 없음을 고백합니다. 이미 주님의 찬란한 빛이 비치고 있었으나 깨닫지 못했던 우둔함을 용서하여 주옵소서. 주님의 뜻을 밝히 깨닫는 지혜를 허락하여 주옵소서.

주님께 다시 온전히 제 마음을 내려놓습니다. 이 모든 일이 주님의 계획 안에 있음을 믿습니다. 주님의 뜻을 모두 알기는 어렵지만 순종하는 마음으로 답을 기다립니다. 제가 원하는 답이 아니어도 받아들일 수 있게 해 주옵소서. 혹여 마음의 동요가 있을 때 주님이 지켜 주시고 보호하신다는 사실을 기억하게 하옵소서. 세상의 방법을 찾기보다 은총의 신비에 의지하고 더 이상 흔들리지 않는 견고한 마음을 주옵소서.

성급하게 결론 내리지 않고, 보이지 않는 곳에서 하나님은 여전히 일하신다는 사실을 잊지 않게 하옵소서. 그 보이지 않음은 성령께서 우리의 속도를 조율하시는 방식임을 믿습니다.

믿음의 귀를 열어 지금도 제게 말씀하시는 주님의 세미한 음성을 듣게 하옵소서. 소망의 눈을 들어 주님이 이미 준비하신 아름다운 축복을 보게 하옵소서.

주님이 예비하신 열매를 기다리는 인내심을 제게 주옵소서. 언젠가는 이루어 주실 것을 믿고 기도의 여정을 다시 시작합니다. 한 걸음 한 걸음, 더디고 힘들더라도 주님과 함께 걸어가기 위해 애쓰겠습니다. 도와주옵소서. 인도하옵소서. 평안을 주옵소서.

환난과 위기에 처한 믿음의 선조들의 기도에 응답하시고 그들의 소원을 이루어 주신 것처럼 제 기도에도 분명히 응답하실 것을 믿으며, 인내와 소망 가운데 오늘도 묵묵히 주의 길을 걷게 하옵소서. 예수님의 이름으로 기도합니다. 아멘.

따라 쓰는 한 줄 기도

내가 드리는 한 줄 기도

주님의 임재하심을 사모하며

시 42:5, 63:1

아버지 하나님, 주님의 은혜 가운데 기도의 자리를 다시 찾았습니다. 늘 가까이 귀를 기울이시고 끊임없이 우리 마음의 문을 두드리시는 주님의 은혜에 감사합니다.

그러나 제 입술은 열려 있지만 정작 마음이 닫혀 있음을 주님 앞에 고백합니다. 주님이 멀리 계신 것만 같아 제 시선은 자꾸 제 문제만을 향합니다. 실수와 죄를 알고도 주님 앞에 솔직히 나아가기를 주저합니다. 찬송과 기도를 드리지만 정작 마음 깊은 곳에는 참된 평안이 없습니다. 생각은 끝없이 흔들리고 마음은 방향을 잃습니다.

주님의 침묵으로 제 불안은 더욱 커져만 갑니다. 용서하지 못한 마음이 여전히 남아 있고, 자욱한 연기처럼 분노가 제 안을 메우고 있음을 고백합니다. 제게 사랑이 부족합니다. 아픈 이웃을 위해 한 줌의 그늘을 내어 줄 여유가 없고, 목마른 이들을 보면서도 물 한 잔 건넬 긍휼의 마음이 없습니다.

사랑의 주님, 이 어두운 마음을 제 힘으로는 밝힐 수 없습니다. 다시 당신을 찾습니다. 주님께로 저의 마음을 집중합니다. 분명히 보이지 않아도, 선명하게 들리지 않아도 주님이 함께하심을 고백하며 한 줄기 소망을 붙잡습니다.

주님, 저를 불쌍히 여겨 주옵소서. 주님의 부재처럼 느껴지는 시간 속에서 저를 한순간도 떠나지 않으셨음을 깨닫게 하옵소서. 제 안에 오셔서 저를 주님의 임재로 충만하게 하시고, 어둠 속에서도 주님이 가까이 계심을 알게 하셔서 불안하지 않게 하옵소서. 주의 말씀이 제 안에 살아 움직여 흔들리는 마음을 붙잡아 주시고 메마른 마음에 다시 생명의 샘을 터뜨리소서. 제 존재의 깊은 곳에서 울리는 심장의 소리가 주님의 은혜에 조율되게 하소서.

저의 몸과 마음이 주님의 영광이 머무는 거룩한 성전이 되게 하소서. 정직한 영으로 저를 새롭게 하시어 진리의 길을 분별하며 걷게 하옵소서. 사랑의 마음을 부어 주셔서 주님이 생명을 살리신 것처럼 저도 이웃에게 생명을 나누게 하옵소서. 주님의 영이 제 안에 영원히 머무시기를 간절히 소망합니다. 예수 그리스도의 이름으로 기도합니다. 아멘.

따라 쓰는 한 줄 기도

내가 드리는 한 줄 기도

기도가 응답되어 주님께 감사할 때

시 118:21; 대상 16:34

주님, 한없이 연약하고 부족함에도 불구하고 구원을 허락하시고 주님의 이름을 통해 기도할 수 있는 은혜를 베풀어 주심에 감사드립니다. 또한 부족한 자의 기도를 들으시고 응답해 주신 주님께 감사와 찬양을 올려 드립니다.

주님의 신실하심과 사랑에 감격합니다. 저의 연약함을 아시고 긍휼히 여기시며, 저의 부르짖음에 응답하시고 필요한 것들을 늘 공급해 주심에 감사드립니다. 모든 응답에 주님의 깊은 뜻이 담겨 있음을 분명히 기억하게 해 주옵소서. 기도의 응답에 만족하여 안주하지 않게 하옵소서. 주님의 은혜를 당연한 것으로 여기지 않게 하시고, 매일 주님의 뜻을 이루기 위해 살아가도록 바른길로 인도하옵소서.

이제 주님이 저를 통해 이루실 일을 기대하며 더욱 열심히 기도하게 하시고, 주님의 선한 일을 부지런히 도모하게 해 주옵소서. 제 삶의 모든 내용에 주님의 섭리가 반영되게 하옵소서.

더욱 간절히 바라기는, 저 자신을 위한 간구를 넘어 세상과 이웃을 품는 성숙한 기도자가 되게 하옵소서. 내 몸과 같이 사랑하라는 주님의 명령을 따라 이웃의 삶을 소중히 여기게 하시고 그들을 기도로 중보하며 기쁨으로 돕게 하옵소서.

기도에 응답하신 하나님의 은혜를 풍성히 나누며 살게 하옵소서. 그리하여 주님이 주시는 축복을 받아 누리는 삶으로부터 축복을 증언하

며 나누는 삶으로 나아가게 하옵소서. 성령께서 도우사 일평생 주님의
영광을 위해 살아가며, 하나님의 나라를 위해 성실하게 일하게 하옵소
서. 예수님의 이름으로 기도합니다. 아멘.

주님 닮기를 원하며

빌 2:5; 요일 2:6

거룩하신 주님, 주님 닮기를 원합니다.

우리 마음의 문을 열고 들어오셔서 우리의 본질과 인격을 당신으로 가득 채우소서.[4]

"너희 안에 이 마음을 품으라 곧 그리스도 예수의 마음이니"(빌 2:5)라는 말씀에 따라, 주님의 마음을 품기 원합니다. 주님의 마음을 품고, 주님의 시선으로 세상을 바라보며, 주님의 손길로 서로를 섬기게 하소서.

먼저 제 안의 욕심과 교만을 내려놓고 주님의 겸손과 온유를 배우게 하소서. 자신을 낮추고 섬기신 주님의 모습을 닮기 원합니다. 그리하여 제 말에 주님의 향기를 담게 하시고, 제 행동에 주님의 십자가를 앞세우게 하소서. 주님이 원수를 사랑하시고 용납하셨듯이 저도 그렇게 용서하게 하옵소서.

주님은 저의 연약함을 잘 아십니다. 주님, 저는 오늘도 쉽게 흔들립니다. 성령께서 제 안에서 일하시어 날마다 새롭게 빚어 주시고 조금씩 더 주님을 닮아 가게 하소서.

저의 힘으로는 닮을 수 없는 주님의 거룩하심을 따라갈 수 있도록 성령께서 날마다 도와주시기를 간구합니다. 날마다 주님의 발자취를 따라갈 수 있도록 주님의 방식을 가르치시고 인도하옵소서. 제 말과 행동 속에 주님의 온유와 사랑이 나타나게 하시고, 제 삶을 통해 주님의 모습이 드러나게 하옵소서.

그분을 닮아, 당신의 나라를 선포하게 하소서. 그분을 닮아, 가난한 사람과 버림받은 사람, 어린아이들을 사랑하게 하소서. 그분을 닮아, 자신들의 방식을 따라 살라는 세상의 유혹에 침묵하게 하소서. 그분을 닮아, 고난을 감수할 수 있게 하소서.[5]

예수님의 이름으로 기도합니다. 아멘.

따라 쓰는 한 줄 기도

내가 드리는 한 줄 기도

자족하기를 구하며

빌 4:11; 딤전 6:6

주님은 제게 세상에서 살아갈 수 있는 모든 필요한 것들을 선물로 주셨습니다. 그것은 사랑, 믿음, 희망, 기도, 인내입니다. 주님 안에서 세상을 능히 이길 수 있습니다.[6] 자비로우신 하나님 아버지, 저의 삶을 주관하시고 날마다 필요한 것들을 공급하여 주심에 감사합니다. 부족함이 없는 은혜로 제 삶을 채워 주시는 주님을 찬양합니다.

때로는 가지지 못한 것을 바라보며 불평하고, 다른 이들과 비교하여 낙심하기도 했습니다. 더 가지기 위해 과한 욕심을 내기도 했습니다. 이 모든 잘못을 주님의 사랑으로 용서하여 주옵소서. 탐심에서 자유롭기를 원하오니 주여, 도와주소서.

여전히 제 마음에 욕심이 가득합니다. 혹여 제가 가진 것들을 잃게 되는 것은 아닐까, 제 삶의 편리함이 무너지지 않을까 안절부절못합니다. 한없이 어리석고 이기적입니다. 저를 불쌍히 여기소서. 탐욕의 노예가 되지 않도록 주님이 저를 구해 주옵소서.

오늘 누리는 것들의 소중함을 발견하고 일상에서 주님의 도우심을 깊이 깨닫게 하옵소서. 무엇보다 궁핍에도 흔들리지 않는 단단한 믿음을 허락하시고, 풍족하다 하여 교만하지 않도록 늘 근신하게 하옵소서. 어떤 상황에서도 주님을 신뢰하며, 주님의 은혜에 감사하게 하옵소서.

주님, 제 삶에 자족할 뿐만 아니라 이웃의 삶을 돌아보며 보살피는 마음을 주옵소서. 주님의 풍성한 은혜를 나누고, 제가 가진 것으로 기꺼이 베푸는 삶을 살아가도록 인도하여 주옵소서.

주님, 제게 있는 것들로 만족하게 하시고(히 13:5), 어떤 형편에서든지 자족하는 법을 배우게 하옵소서(빌 4:11). 인내를 이루어 저로 온전하게 하시고, 조금도 부족하지 않게 하옵소서(약 1:4).[7]

예수님의 이름으로 기도합니다. 아멘.

따라 쓰는 한 줄 기도

내가 드리는 한 줄 기도

비전을 구하는 기도
시 95:1-6; 엡 1:11

주님, 저를 신비롭고 놀라운 주님의 섭리의 세계로 초대하심에 감사합니다. 저의 어두운 눈을 밝히사 주님이 생명을 주신 이유를 바라보게 하시고, 아둔한 귀를 열어 주셔서 주님의 거룩한 기대를 겸손히 귀 기울여 듣게 하옵소서. 저를 향한 주님의 목적과 계획을 성령의 도우심 가운데 밝히 깨닫게 하시고, 삶의 모든 순간 주님의 뜻을 따르도록 날마다 도와주옵소서.

주님께 제 삶을 맡겨 드리오니 주님이 제 삶을 통치하시고 인도하셔서 주님의 놀라운 능력이 저를 통해 드러나게 하옵소서. 저의 연약함과 부족함을 주님의 능력으로 채우셔서 저를 통하여 당신의 영광이 온전히 드러나기를 간절히 소망합니다.

방향 없는 하루하루를 살지 않게 하시고, 매 순간 주님이 선물로 주신 은사를 성실하게 사용할 수 있게 하옵소서. 날마다 주의 말씀을 가르치시고 깨우치시며 제게 필요한 지혜와 능력을 풍성하게 부어 주옵소서. 제가 꿈꾸는 내용이 주님이 원하시는 것들이기를 간절히 기도합니다. 주님이 주시는 소명으로 날마다 숨 쉬게 하시며, 그 비전이 공급하는 활력으로 힘차게 달려가게 하소서.

주님의 시선으로 세상과 이웃을 바라보며 저의 손과 발이 주님의 위대한 사역을 이루는 과정에 신실한 도구가 되게 하여 주옵소서. 그리하여 이 땅에서의 여정이 끝나는 날, 주님이 주신 비전을 돌아보며 당

신의 선하신 의도에 합당한 삶을 살았노라고 고백할 수 있기를 소원합
니다. 예수님의 이름으로 기도합니다. 아멘.

새로운 출발점에서 새로운 삶을 소망하며

고후 5:17; 사 43:18-19

하나님 아버지, 오늘 새로운 시작의 문턱에서 주님의 은혜와 사랑을 생각하며 마음 깊이 감사드리며 찬양합니다. 저에게 새로운 기회를 주시고, 지나온 길 위에 쌓인 흔적들을 돌아보며 배움과 깨달음을 허락하신 주님께 감사드립니다. 인생의 새로운 전환기에서 제가 나아갈 길을 밝히 보여 주시고, 제 마음과 생각을 주님의 뜻에 맞추어 주옵소서. 저의 발걸음을 주님께 맡기며, 날마다 주님의 인도하심을 따라 살아가고 싶습니다.

과거의 헛된 욕망과 그릇된 습관, 게으름과 교만으로 얼룩진 모든 것을 주님 앞에 내려놓습니다. 그것들을 넝마처럼 버리고, 주님 안에서 진정으로 새로워지고 온전히 변화되는 삶을 갈망합니다. 주님의 거룩하신 빛이 제 마음을 밝히 비추사 어둠과 두려움, 불안과 미련으로부터 자유롭게 하옵소서.

어려움과 시련이 닥칠 때도 인내하며, 주님의 도우심을 간절히 구하게 하시고, 마음속 소망이 흔들리지 않도록 굳건하게 붙잡아 주옵소서. 주님의 완전한 계획을 신뢰하며, 저의 나약함과 연약함 속에서도 주님의 뜻에 부응하도록 날마다 저를 단련하시고 다듬어 주옵소서. 실패와 좌절을 두려워하지 않고, 주님이 주시는 소망과 평안 가운데 담대히 걸어가게 하옵소서.

주님, 새로움은 저를 긴장시키고 두려운 마음을 갖게 합니다. 제가 주님과 동행할 때 마음의 무거움과 근심이 사라지고, 마음 깊은 곳에서 주님의 평화가 흐르게 하옵소서. 제 삶이 주님의 마음에 합한 향기로운 제물이 되게 하시고, 작은 선택과 결정까지도 주님의 뜻과 일치하도록 인도하여 주옵소서. 제 손과 발, 눈과 마음이 늘 주님의 영광을 위해 사용되게 하시고, 제 삶의 모든 순간이 주님의 사랑을 증거하게 하소서.

주님, 저의 친구이자 동행자로서 언제나 함께하시어, 외로움과 두려움 속에서도 주님의 온전한 사랑을 느끼며 살아가게 하옵소서. 때로 드러나지 않는 방식으로 은밀히 역사하시는 하나님의 세밀한 배려까지 놓치지 않는 영적인 예민함을 허락하옵소서. 날마다 새로운 힘과 소망을 공급해 주시는 예수 그리스도의 이름으로 기도합니다. 아멘.

따라 쓰는 한 줄 기도

내가 드리는 한 줄 기도

이상적인 배우자를 만나기 위해

골 3:5; 시 91:14-15

주님, 저를 향한 주님의 계획이 있음을 신뢰하며 기도의 자리로 나옵니다. 주님은 이미 미래의 배우자에 대한 저의 소망과 기대를 아십니다. 저의 계획과 주님의 섭리가 어긋나지 않고, 주님의 마음을 알아 제 마음에 품기를 원합니다. 늘 제 마음을 주님의 기준에 맞추어 조율하며 살게 해 주옵소서.

주님, 제게 인내를 허락하셔서 차분히 주님의 뜻을 구하게 하옵소서. 주님이 허락하신 혼자 있는 시간을 통해 주님과 더욱 깊은 사귐으로 나아가게 하시고 저 자신을 성숙시킬 수 있도록 날마다 세밀하게 인도하시고 가르쳐 주옵소서.

미래의 배우자에게 신실한 반려자가 될 수 있도록 저의 부족한 인격을 다듬어 주시고, 잘못된 습관을 바로잡게 하시며, 주님의 기준에 맞는 거룩한 아들(딸)로 성장하게 하옵소서.

혹여 제 부족한 안목으로 성급한 실수를 저지르지 않게 하시고 주님의 절대적인 주권과 선하심을 신뢰하도록 도와주옵소서. 저의 모든 계획을 주님의 손에 맡겨 드립니다. 주님이 저의 기도를 들으시고 이루어 주실 것을 확신합니다. 예수님의 이름으로 기도합니다. 아멘.

따라 쓰는 한 줄 기도

내가 드리는 한 줄 기도

외로울 때
시 34:18; 신 31:8

하나님 아버지, 거칠고 황량한 광야에 홀로 선 느낌입니다. 사람들로부터 고립되어 있다는 생각이, 외로움과 불안이 엄습해 옵니다. 관계에서 기쁨을 얻을 수 없어 공허함이 더욱 짙게 느껴집니다. 그 어느 것으로도 이 지독한 외로움을 해결할 수 없음을 알기에 주님께 도움을 구합니다.

주님의 임재를 갈망합니다. 제 마음에 평안을 주옵소서. 주님이 저의 친구가 되어 주셔서, 시편 기자와 같이 간절하게 토해 내는 저의 탄식 소리에 귀 기울여 주시기를 간구합니다.

마음이 상한 자를 돌보시는 주님의 약속을 굳게 믿습니다. 주님의 손으로 저를 강하게 붙잡아 주옵소서. 주님의 손을 잡고 주님과 동행하기를 원합니다. 제 삶의 영원한 동반자가 되어 주옵소서.

세상 끝 날까지 항상 함께하겠다는 주님의 약속을 온전히 믿고 감사드립니다. 이 어려운 시기를 주님의 도우심 가운데 극복하고, 주님의 위로를 통해 완전히 회복되어 다른 이들의 좋은 친구가 될 수 있게 해 주옵소서. 주님께 거룩하게 쓰임 받는 상처 입은 치유자가 될 수 있도록 주님이 도우시고 함께하옵소서.

주께서는 광야에서 은혜를 공급하시며 나를 격려하셔서, 내가 사랑하는 분의 팔에 기대어 서게 하실 수 있음을 믿게 하소서.[8]

주님의 은혜에 온전히 의지하며 나의 영원한 구세주 예수 그리스도의 이름으로 기도합니다. 아멘.

따라 쓰는 한 줄 기도

내가 드리는 한 줄 기도

감정이 상하거나 자신이 실망스러울 때

시 42:11; 빌 4:13

하나님 아버지, 실수투성이인 저를 은혜로 감싸안아 주시니 참 감사합니다. 오늘도 무거운 마음으로 주님께 나아옵니다. 실수하고 실패하고, 문제 앞에 부적절하고 서툴게 대처한 저 자신이 심히 부끄럽습니다. 스스로에 대한 실망감으로 마음이 편치 않습니다.

주님의 위로와 평강을 구합니다. 주님이 믿음의 선조들에게 베푸신 은혜를 제게도 풍성하게 부어 주옵소서. 주님이 항상 저와 동행하시고 도우신다는 확신 가운데 거하게 하옵소서.

주님, 특별히 어렵고 힘들 때, 주님이 안타까운 마음으로 저의 모든 호흡과 발걸음에 함께하신다는 사실을 망각하지 않게 하옵소서. 주님을 통해 모든 것을 할 수 있다는 믿음과 소망을 회복시켜 주시고, 오히려 저의 약함이 주님의 능력을 드러내는 통로가 될 수 있음을 고백하게 하옵소서.

주님의 도우심 가운데 당당하게 일어서기를 원합니다. 주님이 저를 통해 하실 일들을 기대하며 제 삶을 통해 주님의 뜻이 이루어지기를 간절히 소망합니다. 실수와 실패로 인하여 낙담하며 좌절 가운데 머무는 것이 아니라, 오히려 겸손하게 배워 성장의 기회로 삼게 하옵소서.

재 대신 화관을 씌우실 주님의 섭리를 믿고, 이 시간 저의 희망을 새롭고 견고하게 만들어 주옵소서. 낙망하여 자신을 비하하지 않게 하시고, 주님의 자녀로서의 자존감을 회복하게 하옵소서.

　살아가는 날 동안 주님이 늘 동행이 되어 주셔서 주님의 나라를 이루어 가는 거룩하고 복된 여정이 되게 하옵소서. 위로자 되시며 소망의 근거가 되시는 나의 구세주 예수 그리스도의 이름으로 기도합니다. 아멘.

따라 쓰는 한 줄 기도

내가 드리는 한 줄 기도

알 수 없는 미래로 마음이 불안할 때

빌 4:6-7; 렘 29:11

한계가 없으신 하나님, 주님이 모든 것을 아시며 준비하신다고 고백하면서도 여전히 불안한 마음으로 살고 있는 저를 용서하여 주옵소서. 한 치 앞을 모르는 무지한 자이기에 걱정과 두려움으로 가득 차 있습니다.

당신이 하나님이심을 잊어버린 저의 연약한 믿음을 불쌍히 여기시고 도와주옵소서. 나의 앞날이 주의 손에 있다는(시 31:15) 시편 기자의 고백을 따라, 주님의 계획이 완전하고 선하다는 믿음 가운데 든든히 서게 하옵소서. 그리하여 불투명한 미래로 인하여 불안해하는 것이 아니라, 주님이 준비하신 다가올 계획을 기대하며 소망 가운데 준비하게 하옵소서. 무엇보다 주님이 제 마음에 평화 주시기를 기도합니다.

저의 시간을 한계가 없으신 주님께 온전히 맡겨 드립니다. 제게 필요한 모든 것을 넉넉하게 공급해 주실 것을 믿고 제가 마땅히 해야 할 일을 담대하고 힘차게 해 나갈 수 있도록 도와주옵소서. 제 삶을 통해 주님의 놀라운 계획이 아름답게 이루어지도록 날마다 매 순간 가르쳐 주시고 인도하여 주옵소서.

걱정과 염려가 저를 지배하지 않도록 붙들어 주시고, 주님이 약속하시는 말씀, 소망의 말씀으로 제 마음을 채워 주옵소서. 저의 조급함으로 인해 서두르거나 무리하지 않게 하옵소서. 하늘 아버지, 우리의 걱정과 염려와 두려움을 잠잠케 하소서. 주 예수님, 주님이 함께 계심을

다시금 확신하게 하소서. 성령님, 우리의 한계를 넘어 당신이 여전히 하나님이심을 신뢰하게 하소서.[9]

예수님의 이름으로 기도합니다. 아멘.

따라 쓰는 한 줄 기도

내가 드리는 한 줄 기도

여행을 떠나기 전

시 121:7-8; 골 3:15

사랑하는 주님, 이 여행이 가능하도록 모든 여건과 시간을 허락하심에 감사드립니다. 주님이 선물로 주신 소중한 날들이 기쁨과 축복으로 가득하게 하시고, 저의 마음에도 평안과 감사가 넘치게 하옵소서. 벅찬 기대 속에서 주님의 도우심과 보호하심을 간절히 구합니다.

주님, 이번 여행이 단순한 이동이나 잠시의 쉼에 그치지 않고, 제 삶을 새롭게 여는 은혜로운 시간이 되게 하옵소서. 낯선 길과 새로운 풍경 속에서 뜻밖의 배움과 깨달음을 얻게 하시고, 다양한 만남과 이야기 속에서 저 자신을 돌아보는 성찰의 시간을 허락해 주옵소서. 이 모든 과정이 저로 주님 안에서 더욱 성숙해지고 사랑과 지혜로 성장하는 발걸음이 되게 하옵소서.

풍경 하나하나에도 경이로움을 느끼고, 작은 친절과 도움의 손길에도 진심으로 감사하며, 사소한 순간들 속에서도 주님의 섬세한 인도하심과 은혜를 발견하게 하옵소서. 새로운 만남과 경험 속에서 두려움이나 불안에 사로잡히지 않게 하시고, 불편하고 당혹스러운 감정에 끌려다니지 않게 하시며, 예기치 않은 상황 속에서도 지혜와 용기를 받아 현명하게 대처하게 하옵소서.

낮의 햇살과 밤의 달빛이 저를 상하게 하지 않게 하시고(시 121편), 모든 위험과 불편으로부터 안전하게 지켜 주옵소서. 주님이 늘 저와 동행하시기에 혼자가 아님을 기억하며, 마음 깊이 안도와 평안을 누리게 하옵소서. 이번 여행을 통해 주님에 대한 신뢰와 감사가 더욱 깊어지고, 삶 속에서 주님의 사랑과 인도하심을 다시금 깨닫는 시간이 되게 하옵소서.

주님, 저의 출입과 만남, 이동하는 모든 순간을 지금부터 영원까지 보호하시며, 저와 함께하시는 주님의 은혜를 날마다 체험하게 하옵소서. 예수님의 이름으로 기도합니다. 아멘.

따라 쓰는 한 줄 기도

내가 드리는 한 줄 기도

새해의 계획을 세우며

잠 16:3; 시 37:5

하나님 아버지, 한없이 부족한 저에게 새해를 허락하심을 감사합니다. 다가올 한 해를 바라보며 세우는 모든 계획 가운데 주님의 인도하심과 지혜를 구합니다.

사랑의 주님, 새해를 준비하는 제 마음에 욕심이 앞서 주님의 섭리를 가리지 않게 하옵소서. 세상의 주관자시며 모든 계획의 주인이 주님이심을 고백합니다. 주께서 준비하신 길로 인도하여 주옵소서. 날마다 겸손히 주님의 뜻을 물으며 주님의 지혜와 인도하심을 신뢰하게 하옵소서.

사랑의 주님, 주님이 원하시는 삶을 살아가도록 매일 인도하소서. 말씀과 찬양과 기도로 주님과 교제하며 주님의 사랑을 본받아 이웃을 돌보게 하옵소서. 제 삶을 거룩한 산 제사로 드리는 참된 예배자의 길로 이끌어 주옵소서.

새해에는 자기중심적인 태도에서 벗어나 도움이 필요한 이들에게 손을 내밀고 사랑으로 품는 삶을 살게 하옵소서. 제가 하는 말과 마음의 묵상이 주님께 드리는 향기로운 제사가 되게 하소서. 제 삶을 통하여 주님의 영광이 드러나며 많은 이들이 주님의 살아 계심을 경험하게 하옵소서.

　주님과 더 가까워지는 한 해, 주님의 목적을 따라 걸어가는 한 해가 되게 하시고, 하나님의 나라를 세워 가는 신실한 일꾼으로 서게 하옵소서. 예수님의 이름으로 기도합니다. 아멘.

따라 쓰는 한 줄 기도

____

____

내가 드리는 한 줄 기도

____

____

일상의 순간들을 찬미하며

스탠리 하우어워스(Stanley Hauerwas)

초록 나뭇잎이 붉게 물드는 아름다운 순간,

낯선 이의 밝게 빛나는 얼굴,

고양이가 흥겹게 뛰노는 모습,

친구들의 너그러운 마음,

그 너그러운 마음이 전해졌을 때

느끼게 되는 순전한 경이와 기쁨까지,

이 모든 순간,

그리고 또 다른 무수한 순간들을

선사해 주시는 당신께 감사드립니다.

당신을 찬미합니다.

이를 통해 우리 또한 세상을 향한

당신의 선물임을 기억하게 하소서.

일상의 순간들을 찬미하며

선물인지도 모른 채 선물을 거부하는 세상에게

그리스도를 감사 제물로 내어 주셨듯,

우리 또한 감사 제물로 내어 주셨음을,

그리스도를 통해 우리가 세상을 향한

선물이 되게 하심을 기억하게 하소서.

새 시대에 당신께서 베푸시는 축제를 향해

다시 또다시 달음질하게 하소서.

우리가 당신의 기쁨이 되도록 주신

시간과 공간 속에서

달음질하게 하소서.

아멘.[10]

당신을 찾는 법을 가르쳐 주소서
캔터베리의 안셀무스(Anselmus Canterbury)

주님, 당신을 찾는 법을 가르쳐 주소서.

우리가 당신을 찾을 때 우리를 찾아와 당신을 보여 주소서.

당신께서 가르쳐 주시지 않으면

우리는 당신을 찾을 수 없을 뿐 아니라

찾기를 시작할 수조차 없습니다.

당신을 간절히 구하고 당신을 기다리는 법을

가르쳐 주소서.

당신을 기다리는 가운데 당신을 찾아 나서는 법을

가르쳐 주소서.

당신을 찾는 법을 가르쳐 주소서

당신을 찾아 나서는 가운데 당신을 사랑하는 법을
가르쳐 주소서.

당신을 사랑하는 가운데
당신을 보게 하소서.[11]

2부

동행의 기도

가정·일터·공동체 속__________
신앙생활에서 드리는 기도

출근하는 길에

하나님 아버지, 새로운 날을 허락해 주심에 감사합니다. 오늘도 주님이 축복으로 허락하신 일터로 향합니다. 하루를 시작하고 일을 준비하면서 당신의 섬세하고 친절한 인도를 겸손히 구합니다.

오늘 하루 주님이 제 발걸음을 인도하시고 제 길을 밝히 비춰 주옵소서. 그리하여 어둠이 오늘의 일정을 방해하지 않게 하시고 주님의 뜻과 목적에 맞는 결정을 내리도록 늘 함께하시고 도와주옵소서.

단 한순간도 주님의 도움 없이 살아갈 수 없음을 고백하오니, 정직한 영을 새롭게 부어 주시고, 필요한 힘과 능력을 넉넉하게 부어 주옵소서. 제가 맡은 일들을 훌륭하게 완수할 수 있도록 명료함과 예리함을 허락하시고 효율적으로 시간과 업무를 관리할 수 있는 절제와 집중의 지혜도 주옵소서.

함께 일하는 이들을 상대할 때 주님의 빛을 품게 하시고 저를 위로와 격려의 도구로 삼아 주옵소서. 많은 이들에게 긍정적인 영향을 줄 수 있도록 저를 가르쳐 주시고 인도하옵소서.

좋은 결과를 얻는다면 동료들과 함께 기뻐하게 하시고, 도전과 어려움은 성장의 기회로 삼게 하시며, 모든 일에 주님을 더욱 의지하게 하옵소서. 실패하더라도 좌절하거나 낙망하지 말고 주님의 섭리 가운데 다시 일어서도록 도와주소서.

하나님, 제가 하는 모든 일을 주님 앞에 올려 드립니다. 감사가 가득

한 하루가 되게 하시고 주님과 좀 더 가까워지며 주님 안에서 거룩하고 온전하게 성장하는 오늘이 되게 하여 주옵소서. 예수님의 이름으로 기도합니다. 아멘.

따라 쓰는 한 줄 기도

내가 드리는 한 줄 기도

퇴근하는 길에

마 11:28-30; 롬 15:13

사랑의 주님, 오늘도 선물로 주신 하루를 보내며 주님께 감사의 기도를 드립니다. 주님의 보살핌과 사랑으로 일과를 마쳤습니다. 주님을 찬양하며 주님께 영광을 돌립니다.

오늘 이룬 일들을 돌아보며 기뻐하되, 이 모든 일을 주관하신 분이 주님이심을 겸손히 고백하게 하옵소서. 혹여 부족한 부분이 있다면 주님께 지혜를 얻어 매일매일 성장하는 밑거름으로 삼게 하옵소서. 저의 실수로 인해 누군가에게 불편을 끼쳤거나 상처받은 이가 있다면 주님이 저의 부족함을 고쳐 주시고 친히 그들을 위로하시며 회복의 소망을 베풀어 주옵소서.

오늘 하루의 일정을 겸손하게 성찰하며 주님이 준비하신 더 아름다운 날들을 마음속에 품게 하옵소서. 주님의 기대를 잊지 않는 자녀가 될 수 있도록 날마다 가르쳐 주옵소서. 또한 오늘의 경험이 내일을 위한 지혜와 성찰로 이어져, 주님의 뜻을 따르는 삶에 조금 더 가까워지게 하옵소서.

주님, 주님 안에서 참된 쉼을 얻기 원합니다. 연약한 저를 주님의 친절한 팔로 안아 주시고, 피곤함에서 벗어나 건강한 몸과 마음과 영혼으로 다가올 날들을 준비하게 해 주옵소서. 오고 가는 길에 주님이 동행해 주시고, 모든 위험으로부터 보호하여 주실 것을 소원합니다. 주님의 지극하신 사랑과 돌보시는 은혜에 감사드리며 예수님의 이름으로 기도합니다. 아멘.

따라 쓰는 한 줄 기도

내가 드리는 한 줄 기도

직장에서 승진을 위해
약 4:10; 시 20:4

주님, 일할 힘과 기회를 주심에 감사합니다. 제 부족함에도 불구하고, 때마다 필요한 지혜를 공급하여 주심에 감사드립니다. 주님이 이미 제 마음의 소망과 달란트를 알고 계십니다. 어떻게 성장해야 하고 부족함을 보완해야 하는지 잘 알고 계십니다.

주님이 저의 연약한 부분을 만져 주시고, 흐트러진 부분을 바로잡아 주시며, 과도한 욕심이 있다면 내려놓을 수 있는 용기와 겸손을 허락하여 주옵소서.

주님, 일터에서 주님이 제게 주신 능력을 충분히 발휘할 수 있기를 소망합니다. 더 큰 책임을 맡아서 성실하게 수행할 수 있다는 저의 의지와 그동안 쌓아 온 경험과 능력이 평가하는 이들에게 온전히 전달되기를 소망합니다. 그러나 무엇보다도 평가받는 과정에서 주님의 정의가 기준이 되기를 원합니다. 이 모든 과정을 주님이 주관하여 주시고 모든 일이 공정하게 이루어지게 하여 주옵소서.

주님, 이 과정을 통해 더 많이 배우고 성장할 수 있기를 소망합니다. 직장의 동료들과 아름답게 협력하며 헌신하게 하시고 저를 통해 주님의 사랑과 은혜가 드러나게 해 주옵소서.

승진을 기대하며 기도하지만, 무엇보다 주님의 뜻이 이 모든 과정 가운데 이루어지기를 간구합니다. 이 새로운 경험을 통해 더 깊이 성찰하게 하시고, 더 아름답게 성장할 수 있게 해 주옵소서.

주님의 완전한 계획과 섭리를 신뢰하며 의지합니다. 예수님의 이름
으로 기도합니다. 아멘.

취업을 위한 면접을 앞두고

사 30:21; 수 1:9

하나님, 삶의 고비마다 도우시고 인도하신 주님의 손길을 기억합니다. 지금까지 성장해 온 과정 가운데 주님의 은총이 가득했음에 감사합니다. 주님이 저에게 축복의 기회를 주셨습니다. 감사의 마음으로 면접에 임합니다. 면접의 문턱에 서서 주님의 은혜를 고백하며 주님의 도우심을 간구합니다.

공의의 하나님, 저를 포함하여 모든 지원자에게 면접의 절차가 공정하게 진행되기를 기도합니다. 모든 이에게 자신의 능력과 자질을 충분히 보여 줄 수 있는 평등하고 편견 없는 기회가 주어지기를 소망합니다. 면접관들에게 정직과 공평의 마음을 주시고, 면접이 진행되는 동안 주님의 정의가 모든 결정의 기준이 되게 하여 주옵소서.

면접 시간 내내 인간의 생각과 언어와 행동을 주관하시는 주님의 손길이 제게 임하기를 소원합니다. 제가 지금까지 쌓아 온 능력과 경험을 명확하게 표현할 수 있도록 용기와 지혜를 허락하여 주옵소서.

면접이 좋은 결과로 이어지기를 소망합니다. 그러나 혹여 실수가 있거나 경쟁에서 실패를 경험한다 해도 주님을 향한 신실한 자녀의 모습을 잃어버리지 않게 하옵소서. 주님이 제가 가야 할 길로 인도하신다는 것을 알기에 어떤 결과가 나오든 주님을 신뢰하며 주님의 계획을 따르겠습니다.

삶의 올바른 방향을 알려 주시고, 늘 바른길로 인도하시는 주님의

부드러운 속삭임을 듣게 하소서. 인생의 주관자 되시는 예수 그리스도
의 이름으로 기도합니다. 아멘.

따라 쓰는 한 줄 기도

내가 드리는 한 줄 기도

이직을 고민할 때

잠 3:6; 요 16:33

주님, 지금까지 직장을 통해 주신 축복을 기억합니다. 때로 힘들고 어려웠지만 기쁨과 보람을 허락하시고, 주님이 보내 주신 이들을 통해 주님의 위로와 격려를 얻을 수 있었음에 감사드립니다.

이제 새로운 전환점에 서서, 부족한 제가 결정하기에 앞서 주님의 지혜와 인도하심을 간구합니다. 일하는 곳을 바꾸려는 계획을 주님 앞에 내려놓습니다. 제 삶을 위한 주님의 완벽하고 놀라운 계획을 신뢰하며 주님의 도우심을 간절히 구합니다.

주님, 무엇보다도 저의 이기적인 욕심이 앞서지 않도록 저를 깨우쳐 주옵소서. 제 삶을 향한 주님의 목적에 맞는지 꼼꼼하게 살펴보게 하옵소서. 어떤 길이 바른길인지 분별하도록 하시고, 여러 가지 고려해야 할 일들을 순조롭게 처리할 수 있는 분별력과 인내와 지혜를 허락하여 주옵소서.

저의 오만과 고집으로 인하여 주님이 준비하신 길을 발견하지 못하는 잘못을 저지르지 않게 하옵소서. 주님, 아둔하고 교만한 저를 위해 주님의 뜻을 발견할 수 있는 눈과 귀를 열어 주시고 주님의 선한 계획에 순종하게 하옵소서.

변화의 소용돌이 속에서 절대로 흔들리지 않는 믿음을 주셔서 주님이 이끄시는 방향으로 순종하며 따라가게 하시고 용기를 가지고 주님과 동행하게 하옵소서. 주님의 평안으로 불안함을 감싸안아 주시고 주님의 시간을 기다리는 겸손함을 갖게 하여 주옵소서.

만약 제가 지금 이 자리에 계속 머물러야 한다면, 사도 바울과 같이 모든 일을 은혜로 해석하며, 자족하고 기뻐하며 이곳에서 더욱 신실하고 아름답게 일할 수 있도록 도와주시기를 간구합니다. 주님의 선하시고 온전하신 뜻을 구하며 예수님의 이름으로 기도합니다. 아멘.

따라 쓰는 한 줄 기도

내가 드리는 한 줄 기도

이사와 새로운 정착을 위해

시 138:8; 사 26:3

주님, 주님의 도우심으로 새로운 거처를 허락해 주심에 감사드립니다. 이 새로운 공간과 시작이 주님의 섭리 가운데 이루어진 일임을 고백하며, 모든 영광과 찬송을 주님께 돌립니다. 이사라는 과정에서 주님의 손길과 인도를 의지하며, 지혜롭고 신중하게 선택하도록 도와주옵소서. 복잡하고 예기치 않은 일들 가운데서도 주님이 함께하시어 모든 과정이 순조롭고 평화롭게 진행되기를 간구합니다.

새로운 시작을 앞두고 걱정과 긴장이 찾아오지만, 주님의 평안으로 제 마음을 가득 채워 주시고, 주님의 약속을 붙잡아 두려움과 불안에서 벗어나게 하옵소서.

주님이 예비하신 관계와 환경 속에서 원만하게 적응하게 하시고, 새로운 이웃과의 만남과 일상에서 사랑과 친절을 나누게 하옵소서. 주님이 어디서든 주님의 자녀들을 지키시고 돌보신다는 사실을 잊지 않게 하시고, 매 순간 주님의 함께하심을 경험하며 신뢰하게 하옵소서.

주님, 새로운 거처에서도 주님이 주시는 평안과 은혜 가운데 살아가게 하시고, 매일 마주하는 소소한 일들과 선택들 속에서 주님을 향한 믿음이 흔들리지 않게 하옵소서. 새로운 환경에서 마주하는 모든 도전과 변화 속에서도 주님의 지혜와 용기를 받아 현명하게 대응하게 하시고, 주님의 뜻을 따르는 삶 속에서 기쁨과 감사가 넘치게 하옵소서.

또한 새로운 공간과 일상에서 항상 주님의 영광을 드러내는 삶을 살아가게 하시고 보이는, 그리고 보이지 않는 모든 순간 속에서 거룩한 산 제사를 드리는 기쁨과 의미를 누리게 하옵소서.

주님, 우리가 머무는 공간이 주님의 거룩한 임재를 경험하는 장소가 되게 하옵소서. 이사와 정착의 모든 과정이 주님께 영광이 되도록 인도하여 주옵소서. 예수님의 이름으로 기도합니다. 아멘.

따라 쓰는 한 줄 기도

내가 드리는 한 줄 기도

행복한 결혼 생활을 위해

막 10:9; 엡 5:25-33

사랑의 주님, 결혼을 통해 우리에게 가정을 선물로 주셨음을 기억합니다. 주님의 섭리와 거룩한 언약 안에서 둘을 하나 되게 하시고 축복해 주심을 감사드립니다.

주님이 이 가정의 주인이 되셔서 이끌어 주시기를 소망합니다. 주님과 많은 증인들 앞에서 약속한 대로, 함께 맞붙어 기도하는 두 손과 같이,[12] 서로를 아끼고 보살피며 주님 만나는 그날까지 언약 안에서 영원한 사랑을 만들어 가게 하옵소서. 세상이 줄 수 없는 주님의 평안과 사랑이 마음속에 늘 가득하게 하옵소서.

주님, 우리의 불완전함이 때로는 관계를 어렵게 하고, 주님의 영광을 가릴 때가 있습니다. 우리를 모든 유혹과 위험으로부터 지켜 주시고, 우리의 관계가 언제나 주님의 영원한 사랑을 기준 삼게 하옵소서.

사랑이 힘이 되어 서로의 짐을 지게 하소서. 사랑이 덮개가 되어 서로의 단점을 덮어 주게 하소서. 사랑이 불이 되어 우리 사이의 반대들을 태우게 하소서.[13] 당신께서 우리에게 그리하셨고, 그리하시며, 그리하실 것처럼 우리도 언제까지나 서로에게 신실하도록 우리를 인도하소서.[14]

주님의 눈길로 서로를 바라보게 하시고, 존중과 이해 속에 함께 성장하게 하옵소서. 도전과 시련이 찾아와도 넉넉히 이길 용기와 지혜와 믿음을 더해 주시고, 서로를 의지하며, 서로를 통해 주님이 준비하신 기쁨을 맛보게 하옵소서.

　주님, 일상의 대화에 주님의 마음을 담게 하소서. 주장보다 경청이 앞서고, 설득보다 공감이 깊어지게 하소서. 사랑과 환대의 기쁨이 가득하여 은혜와 용서가 언어 사이를 흐르게 하시며, 서로를 따뜻하게 격려하는 부부로 살아가게 하옵소서. 우리 주 예수님의 이름으로 이 모든 것을 기도합니다. 아멘.

따라 쓰는 한 줄 기도

내가 드리는 한 줄 기도

남편과 아내를 위한 기도

잠 18:22; 고전 13:4-7

주님이 돕는 배필을 허락하심에 감사드립니다. 결혼과 가정이라는 귀한 선물을 통해 주님의 나라를 세워 주셨습니다. 우리의 관계가 교회를 향한 주님의 사랑, 즉 이타적이고 희생적이며 변함없는 사랑을 반영하게 하옵소서. 주님이 계획하시고 원하시는 대로 서로 사랑하고, 응원하며, 존중하도록 도와주옵소서. 주님의 사랑과 은혜로 부부 간의 관계가 더욱 가깝고 성숙해지게 하옵소서.

우리 부부의 계획과 추구하는 모든 일을 주님의 손에 맡깁니다. 주님의 은총의 손길이 임하사 순탄하게 하시고 주님의 영광이 우리의 삶을 통해 드러나게 하옵소서. 어려움이 닥칠 때 인내할 힘을 허락하시고, 주님 안에서 회복하며 오히려 더욱 견고하게 성장해 갈 수 있도록 축복하여 주옵소서.

주님의 위로와 소망으로 위기와 고난도 넉넉히 극복하게 하시고, 모든 일에 주님을 먼저 찾고, 주님의 보호하심과 인도하심을 구하는 겸손하고 신실한 부부가 되게 하여 주옵소서. 함께 걷는 여정에 주님이 늘 동행이 되어 주옵소서.

우리가 날마다 주님께 더 가까이 다가가고, 그렇게 함으로써 서로에게 더 가까워지기를 기도합니다. 주님의 보호로 우리를 감싸 주시고 살아가는 내내 흔들림 없이 지속되는 사랑으로 우리에게 복을 허락하여 주옵소서.

이 가정이 참된 안식과 사랑의 장소가 되게 하옵소서. 수많은 유혹과 어둠으로부터 우리 두 사람을 보호하시고 주님을 만나는 그날까지 거룩하고 신실한 만남으로 이웃에게 본보기가 되고 주님의 향기가 전해지게 하옵소서. 예수님의 이름으로 기도합니다. 아멘.

따라 쓰는 한 줄 기도

내가 드리는 한 줄 기도

화목한 믿음의 가정을 위해

수 24:15; 엡 5:21

사랑의 하나님, 주님이 가정을 만드시고 사랑과 은혜로 함께해 주심에 감사드립니다. 당신의 사랑하는 아들 주 예수 그리스도와 그의 아내된 교회의 신비한 합일을 모형으로 삼으사, 남자와 여자를 혼인케 하셨습니다. 당신의 한없는 선함과 자비를 간구하오니, 당신이 창조하신 혼인의 명령을 통해 약속하신 복이 흔들리거나 파괴되지 않도록 당신의 은총으로 우리를 보호하여 주소서.[15]

주님이 주인이 되시는 가정, 주님이 원하시는 가정이 되기를 소원합니다. 무엇보다 주님을 기준으로 생각하고, 말하고, 행동하는 가족 구성원이 될 수 있도록 도와주옵소서.

서로를 위해 위로하고 격려하게 하시고, 혹여 상처를 주는 일이 없도록 주의하게 하옵소서. 혹여 갈등이 생기고 서로에게 불만을 품게 되더라도 주님의 마음으로 용납하며 매일매일 성숙해지는 가정 되게 하옵소서. "그리스도를 경외함으로 피차 복종하라"(엡 5:21)라는 말씀처럼 서로 존중하며 사랑 안에서 하나 되게 하소서.

하나님의 말씀 위에 든든히 서서 많은 이들에게 하나님이 주시는 기쁨과 평안을 전하며 살아가는 가정이 되게 하여 주소서. 그리하여 우리 가정이 주님이 축복하시고 인도하시는 표본이 되게 하시며 주님의 사랑과 평안을 전하는 통로가 되게 하여 주옵소서. 예수님의 이름으로 기도합니다. 아멘.

따라 쓰는 한 줄 기도

내가 드리는 한 줄 기도

태어날 아이를 위해 부모가 기도할 때

렘 1:5; 시 139:13-14

하나님 아버지, 생명의 근원이신 주님을 찬양하며 생명의 기적을 허락하신 주님께 감사합니다. 우리 가정에 태중의 아이를 허락하시고 미래의 소망과 책임을 품게 하심에 감사드립니다. 이 아이가 주님의 보살핌 속에서 건강히 성장하게 하시고 이 세상에 태어나는 그 순간까지 안전하고 아름답게 보호하여 주옵소서.

이 아이가 태어날 때까지 거룩한 아비와 어미로 준비되게 하옵소서. 주님의 사랑으로 이 아이를 품고 기도하게 하시고, 주님의 은혜 안에서 늘 감사하는 마음을 갖게 하옵소서. 거룩한 것을 보고 들으며, 아름답고 참된 언어를 사용하게 하시고, 주님의 지혜로 분별하며 선한 일을 도모하게 하옵소서.

이 시간이 단순한 기다림의 시간이 아니라, 주님이 원하시는 아름답고 거룩한 부모로 성장하는 기회가 되게 해 주옵소서. 그리하여 주님 안에서 정금과 같이 다듬어진 부모의 신앙과 인격이 태중의 아이에게 고스란히 전달되게 하옵소서.

태중의 아이가 주님이 허락하신 선물임을 망각하지 않게 하시고, 주님의 뜻에 따라 아이를 양육할 수 있도록 날마다 지혜와 힘을 허락하여 주옵소서. 세상을 기준으로 아이를 양육하는 것이 아니라 오로지 주님의 진리 안에서 양육할 수 있도록 우리를 거룩하게 빚어 주옵소서. 그리하여 하나님을 경외하며 하나님의 뜻대로 사는 것이 가장 보배로운 삶임을 아이가 늘 기억하고 주님과 동행하는 삶을 살게 해 주옵소서.

주님, 주님이 이 아이를 통해 원하시는 계획과 목적이 온전히 이루어지기를 소망합니다. 예수님의 이름으로 기도합니다. 아멘.

따라 쓰는 한 줄 기도

내가 드리는 한 줄 기도

부모가 자녀의 믿음을 위해

잠 22:6; 신 6:6-7

사랑의 주님, 무엇보다 우리 부부에게 믿음을 허락해 주심에 감사드립니다. 주님의 은혜로 말미암아 우리가 구원의 기쁨을 누릴 수 있음과 자녀를 통해 믿음의 축복을 나눌 수 있음에 감사드립니다. 이 아이들은 당신의 아이들입니다. 부디 우리가 당신을 닮아 소망 중에 우리의 자녀들을 환대할 수 있게 하소서.[16]

주님이 ○○(자녀의 이름)(을)를 사랑으로 보살피시고 ○○의 마음속에 주님을 향한 흔들리지 않는 믿음을 심어 주옵소서. 주님의 은혜가 아이의 마음에 뿌리내릴 수 있도록 날마다 도와주시기를 간구합니다. 지극히 작은 일에도 주님이 늘 함께하신다는 사실을 잊지 않고 주님의 아름다운 손길과 보호하심을 고백하고 증언할 수 있기를 소망합니다.

사랑의 주님, 이 세상이 험하고 너무도 악합니다. 모든 거짓된 유혹으로부터 아이의 마음을 지켜 주시고, 모든 불의에서 보호하여 주옵소서. 믿음 안에 굳건히 서서 주님의 말씀을 기준으로 삼고 날마다 주님과 함께 살아가게 하옵소서. 주님의 신실하심을 닮아 무엇을 하든지, 어디를 가든지 바르고 참된 신앙인의 삶을 살게 해 주옵소서.

주님, 아이가 복음 안에서 살아갈 뿐만 아니라 담대하게 주님의 말씀을 나누며 주님의 빛을 전하는 용기를 갖게 하옵소서. 그리하여 아이를 통해 주님의 빛이 환히 비치게 해 주옵소서.

아이가 믿음 안에서 튼튼하고 거룩하게 성장할 수 있도록 도움이 되는 이들을 보내 주셔서, 영적 여정이 외롭지 않게 해 주옵소서. 아이에게 필요한 지식과 지혜와 능력을 날마다 더해 주셔서 하나님의 나라를 세우는 일에 소중한 역할을 감당하게 하옵소서. 아이의 삶을 온전히 주님께 맡겨 드립니다. 예수님의 이름으로 기도합니다. 아멘.

따라 쓰는 한 줄 기도

내가 드리는 한 줄 기도

부모가 자녀를 올바르게 교육하고 돌보기 위해

잠 1:8-9; 시 78:4

주님이 우리 가정에 귀한 선물로 보내 주신 아이를 위해 기도합니다. 교육하고 양육하는 막중한 책임과 특권을 주심에 또한 감사드립니다.

주님, 이렇게 중요한 일을 감당하기에 심히 부족함을, 이 시간 주님께 고백합니다. 우리의 짧은 지혜와 부족한 인격이 아닌, 완전하신 주님의 원칙과 방법에 따라 양육할 수 있도록 도와주옵소서. 주님의 사랑을 기준으로 아이의 이야기를 듣고, 아이에게 말하고 나누게 하옵소서. 아이에게 모범이 되도록 사소한 일에도 조심하게 하시고 말과 행동에서 주님의 빛이 드러나게 해 주옵소서.

때로 우리의 방식대로 하고 싶은 유혹에 빠질 때, 주님을 찾는 겸손함을 허락하시고, 가르치는 과정에서 난관에 봉착했을 때, 주님의 도우심을 구하게 하옵소서. 아이의 의견을 열린 마음으로 겸손히 경청하게 하시고, 아이의 마음을 헤아리기 위해 늘 노력하게 하시며, 아이의 성장을 차분히 인내하며 기다리게 하옵소서.

우리의 뜻을 이루려는 욕심을 내려놓고 주님의 뜻을 먼저 구하게 하옵소서. 아이가 주님께 받은 은사와 재능을 키우고 충분히 발휘할 수 있도록 우리를 충성된 도구로 삼아 주옵소서.

주님, 아이의 성공을 바라기에 앞서 주님과 동행하는 기쁨을 가르치게 하옵소서. 아이를 통해 명예와 영광을 누린다는 기대를 버리고 이 아이가 다른 이들의 어두운 삶을 밝게 비춰 주는 아름다운 빛의 자녀로 살게 되기를 소망하게 하소서. 아이를 통해 많은 이들이 주님의 살아 계심과 주님의 축복을 만끽하게 해 주시기를 간구합니다.

주님, 아이가 주님의 아들(딸)로 자라나도록 매 순간 응원하고 격려하며 기도하겠습니다. 주님이 아이를 늘 보호하시고 바른길로 인도하시기를 간구합니다. 아이의 앞날과 살아갈 모든 시대를 주님의 손에 맡겨 드립니다. 예수님의 이름으로 기도합니다. 아멘.

따라 쓰는 한 줄 기도

내가 드리는 한 줄 기도

부모가 자녀 양육으로 지쳤을 때

시 55:22; 벧전 5:7

하나님 아버지, 생명을 돌보는 일이 쉽지 않음을 고백합니다. 육신의 연약함으로, 마음의 조급함으로 지치고 피곤합니다. 아이를 양육하는 일이 소중하고 아름다운 일임을 알지만, 그 책임의 어려움과 막중함을 절감합니다. 주님, 우리를 불쌍히 여기시고 도와주옵소서. 이 사명을 잘 감당할 수 있도록 힘과 능력을 공급하여 주옵소서.

매일매일 예기치 않은 상황들로 당황스러울 때마다 지혜를 주시고, 감당하기 어려울 만큼 바쁘고 힘들 때 도움의 손길을 보내 주시기를 간구합니다. 필요한 쉼을 허락하시고 체력이 소진되지 않도록 주님이 필요한 것들을 풍성하게 공급하여 주옵소서.

주님, 아이에게는 한순간, 한순간이 부모를 배우는 시간입니다. 우리의 말과 표정을 통해 주님의 향기가 드러나게 하시고, 자녀와의 깊은 유대감을 통해 서로 하나가 되는 거룩한 연합을 맛보게 하옵소서.

무엇보다 아이의 삶을 주님께 맡겨 드립니다. 우리의 마음이 불안과 두려움 대신, 주님이 준비하신 아름다운 미래를 바라보는 기대와 기쁨으로 가득하게 하옵소서. 이 여정이 하나의 가정을 이루며, 주님의 뜻을 이루어 가는 소중한 시간임을 깨닫게 하시고 가족을 향한 주님의 아름다운 계획이 이루어지도록 날마다 도우시고 인도하여 주옵소서. 예수님의 이름으로 기도합니다. 아멘.

따라 쓰는 한 줄 기도

내가 드리는 한 줄 기도

자녀의 진로를 위한 기도

잠 3:5-6; 렘 29:11

사랑과 지혜의 주님, 오늘까지 인도하시고 도우신 은혜에 감사드립니다. 주님이 ○○(자녀의 이름)과(와) 함께하시고 도우셨음을, 이 시간 기억합니다. 주님이 모든 여정에 동행이 되어 주셨습니다.

이제 새로운 시작의 문 앞에 섰습니다. 잠시 호흡을 가다듬고, 주님의 인도하심을 잠잠히 기다립니다. 자신이 잘하고 좋아하는 일을 할 수 있도록 도와주옵소서. 그러나 그 무엇보다, 아이가 바른 선택을 할 수 있도록 주님이 지혜를 주옵소서. 주님의 영광을 드러내고 주님의 뜻을 따르게 하옵소서.

다가올 생경한 일들과 만남을 준비합니다. 신실하게 걸어갈 수 있도록 힘과 용기를 허락하옵소서. 앞이 보이지 않아 답답할 때, 주님이 친히 아이를 인도하신다는 사실을 잊지 않게 하옵소서. 주님이 역경을 이겨 낼 능력을 주시고, 힘들 때 피할 그늘과 바위가 되어 주옵소서. 지치고 외로울 때, 주님이 친구가 되어 주시고 주님의 평안으로 아이의 마음을 만져 주옵소서.

크고 작은 성취에 스스로 높아지는 일이 없게 하시고, 감사하며 찬양하며 주님께 영광을 돌리게 하옵소서. 지금까지 쌓은 지식과 경험이 겸손한 방식으로 사용되기를 간구합니다. 배움을 멈추지 않게 하옵소서. 듣고, 성찰하며, 자신을 성숙시키도록 날마다 겸손하게 하옵소서.

자신의 영광만을 위해 살아가지 않게 하시고, 연민의 마음으로 주위를 돌아보게 하옵소서. 흔들리지 않는 마음으로 주님의 정의를 일상에서 실천하기 위해 애쓰는 책임 있는 그리스도인으로 살게 하옵소서. 주님이 이 복된 여정을 통해 세상을 살리는 아름다운 삶을 살아가도록 도우시고 함께하옵소서. 예수님의 이름으로 기도합니다. 아멘.

따라 쓰는 한 줄 기도

내가 드리는 한 줄 기도

자녀를 위한 부모의 기도

엡 6:4; 시 127:3

하나님 아버지, 부모가 되는 기회를 주심에 감사드립니다. 우리에게 ○○을(를) 허락하신 은혜와 축복이 경이롭습니다. 자녀를 양육하는 책임을 주심에 감사드립니다. 이 모든 과정이 주님의 섭리 가운데 이루어진 일임을 생각하며 주님의 뜻을 따르는 부모가 되기를 소망합니다.

주님의 진리를 가르치고 신실함으로 모범을 보일 수 있도록 도와주옵소서. 자녀가 성장하는 동안 보호하시고 주님이 늘 선한 길, 바른 길로 인도하여 주옵소서. 이기적인 욕심으로 자녀에게 부모의 생각이나 욕망을 강요하지 않게 하시고, 말에나 일에나 주 예수의 이름으로 상대하는 진실한 부모가 되게 하옵소서. 자녀가 가진 고유한 성격과 은사를 존중하게 하옵소서.

자녀가 주님 안에서 진정한 삶의 목적을 발견하도록 도와주옵소서. 주님의 나라를 위해 일하는 삶이야말로 가장 복되고 아름다운 삶임을 깨닫게 하시고, 주님을 깊이 알고, 주님을 전심으로 사랑하며, 주님이 원하시는 삶을 살 수 있도록 인도하옵소서.

그리하여 세월이 흐른 후, 자녀가 주님 앞에 가까이 서기 전, 예수께서 자신의 삶을 조성하시고 인도하셨음을 고백하게 해 주옵소서. 예수님의 이름으로 기도합니다. 아멘.

따라 쓰는 한 줄 기도

내가 드리는 한 줄 기도

부모를 위한 자녀의 기도

출 20:12; 잠 23:22

하나님 아버지, 하나님으로부터 생명이 왔음을 고백하며, 또한 부모님을 통하여 왔다는 사실을 가슴 벅차게 깨닫습니다.[17] 부모님을 통하여 저를 이 세상에 보내 주심에 진심으로 감사드립니다.

부모님이라는 귀한 존재를 통해 사랑과 보살핌을 경험하며, 짧지 않은 세월 동안 가족이라는 든든한 보호막 속에서 성장해 올 수 있었음을 기억하며 주님의 크신 은혜에 감사드립니다. 부모님과의 만남을 우연으로 여기지 않게 하시고, 당연한 것으로 생각해 허투루 넘기지 않게 하옵소서. 부모님과 저의 삶 속에 주님의 손길이 항상 함께하셨음을 깨닫고, 그 사랑과 섬김에 늘 감사하는 마음을 갖게 하옵소서.

주님, 부모님의 지난 삶과 현재를 주관하시는 주님께 모든 영광을 돌리며, 앞으로의 여정에 주님이 주인이 되시고 인도하신다는 믿음으로 의지하게 하옵소서. 부모님의 몸과 마음을 건강하게 지켜 주시고, 주님의 은총의 빛으로 늘 환히 비추어 주옵소서. 부모님의 일상에 크고 작은 기쁨이 넘치고, 평안과 위로가 가득하며, 삶의 매 순간이 주님의 사랑 안에서 축복으로 채워지게 하옵소서.

부모님의 남은 삶이 자녀들의 존경과 지지 속에 풍성하게 채워지고, 그 안에서 주님과 가까워지며 믿음과 평안 가운데 살아가게 하옵소서. 또한 부모님의 마음과 생각 속에 감사와 기쁨이 끊이지 않게 하시고, 모든 만남과 순간 속에서 주님의 사랑을 체험하며 나누게 하옵소서.

주님, 우리가 잠시 세상에 머무는 존재임을 잊지 않게 하시고, 부모님과 제가 보내는 하루하루가 단순한 시간이 아닌, 영원과 이어지는 아름답고 복된 시간이 되게 하옵소서. 부모님의 삶이 주님의 뜻과 사랑을 반영하는 빛나는 증거가 되게 하시고, 저 역시 부모님을 존경과 감사로 섬기며 주님께 영광을 돌리는 자녀가 되게 하옵소서. 예수님의 이름으로 기도합니다. 아멘.

따라 쓰는 한 줄 기도

내가 드리는 한 줄 기도

노부모를 돌보는 자녀의 기도

사 46:4; 갈 6:9

사랑과 은혜의 하나님 아버지, 부모님을 돌보는 소중한 일을 맡기심에 감사합니다. 그러나 연로하신 부모님을 바라보며 안타까운 마음에 한숨을 쉽니다. 육신의 연약함이 얼마나 불편하고 힘든 일인지 실감합니다.

제가 할 수 있는 일의 한계가 보여 아쉽고 부끄럽습니다. 병원을 오가는 일부터 필요한 것들을 준비하고 위급한 상황에 대처하는 일에 이르기까지 지속적으로 다가오는 의무에 때로 심신이 지치기도 합니다.

이 힘겨운 시간이 주님 앞에서 결코 헛되지 않음을 믿게 하옵소서. 부모님과 보내는 시간이 부담이 아니라, 하나님이 허락하신 축복의 시간임을 잊지 않게 하옵소서. 이 돌봄이 하나님이 원하시는 거룩한 소명이며 소중한 실천임을 늘 기억하게 하옵소서. 지금의 상황을 객관적으로 받아들이고 이해하는 분별력을 허락하시고, 단단한 마음으로 오히려 의연하게 이 상황을 이겨 내게 하옵소서.

주님, 저에게 부모님에 대한 존경과 사랑이 식지 않게 하옵소서. 저의 부족한 인격이 저의 입술과 표정에 드러나지 않게 하옵소서. 연민의 마음을 허락하사 부모님의 아픔에 사랑으로 반응하게 하옵소서. 부모님의 아픔에 공감하며 진심으로 위로하고 도울 수 있도록 제 마음을 부드럽게 다듬어 주시고 따뜻하게 만들어 주옵소서.

사랑의 주님, 주님의 시선으로 부모님을 바라보게 하옵소서. 부모님의 육체가 더 약해지고 기억이 희미해질 때에도, 그분들에게 담긴 주님의 형상을 발견하게 하옵소서. 주님의 자녀로서의 아름다움을 제 마음속에 담게 하소서. 주님, 제 마음과 몸도 주님이 지키시고 보호하여 주옵소서. 주님이 손잡아 주시고 인도하옵소서.

부모님과 이 땅에서 이별하는 날, 결코 후회 없이 보내 드릴 수 있기를 간구합니다. 주님이 허락하신 가정을 통해 서로 도우며 살았음에 감사하고, 천국에서 다시 만날 소망으로 우리의 마음을 가득 채워 주옵소서. 지극히 작은 생명도 소중히 여기시고, 우리의 모든 행실을 기억하시고 갚아 주시는 예수님의 이름으로 기도합니다. 아멘.

따라 쓰는 한 줄 기도

내가 드리는 한 줄 기도

교회를 위해

마 18:20; 히 10:24-25

하나님 아버지, 이 땅에 교회를 허락하심에 감사드립니다. 전능하고 영원하신 주님, 모든 교회를 당신의 성령으로 거룩하게 하소서. 진심으로 간구하오니, 이 교회에 속한 모든 지체가 은총과 믿음 가운데 당신을 온전히 섬기게 하소서.[18]

주님께 예배드리고, 말씀을 배우고, 교제하며 주님의 나라를 세우라고 우리를 부르셨습니다. 이 모임이 은혜와 축복을 누리며 천국을 미리 맛보는 자리 되게 하옵소서.

무엇보다 우리의 교회가 주님의 진리 안에서 하나 되게 하소서. 겸손히 은혜를 구하고, 그 은혜를 기준으로 생각하고 행동하게 하소서. 서로를 격려하며 연합할 때에, 오늘도 우리 가운데 역사하시는 주님을 보게 하옵소서.

부족하고 연약하여 때로 실망하고 상처받지만, 주님이 이 땅에 교회를 세우신 소명을 잊지 않게 하옵소서. 은총의 빛으로 우리의 앞길을 밝히시고, 당당히 주님이 인도하시는 길을 걷게 하옵소서.

주님, 공동체 안팎에서 어려움에 놓인 이들을 기억합니다. 육체의 연약함, 관계의 상처, 미래의 불확실함과 재정의 불안 속에 있는 이들에게 용기와 소망을 주시고, 위로와 평안을 허락하옵소서. 우리가 먼저 주님의 마음으로 다가가고, 우리의 손과 발이 그들을 위해 움직이게 하옵소서. 교회가 세상에 희망과 용기를 주는 공간이 되게 하소서.

주님, 오늘도 우리를 사용하셔서, 우리가 사는 이 땅 위에 주님의 나라가 아름답게 이루어지게 하옵소서. 놀랍고도 신비한 주님의 몸 된 교회를 돌아보시어, 온 힘을 다해 구원의 계획을 이루게 하시며, 주 예수 그리스도를 통하여 창조된 모든 것이 온전하게 회복되게 하소서. 성부와 성령과 함께 영원히 사시며 다스리시는 우리 주 예수 그리스도 이름으로 기도하나이다. 아멘.[19]

따라 쓰는 한 줄 기도

내가 드리는 한 줄 기도

설교자를 위해

고전 2:4-5; 딤후 4:2

사랑의 하나님, 오늘도 주의 말씀을 듣고 나눌 수 있는 시간을 주시고, 말씀을 전하는 주님의 일꾼을 세우셔서 거룩한 소명을 감당하게 하시니 참 감사합니다.

설교자의 막중한 부담을 주님이 잘 아십니다. 말씀을 전하는 이가 말씀을 읽고 기도하며 준비하는 시간으로부터 주님의 자녀들과 더불어 나누는 모든 과정에 주님이 도우시기를 간구합니다. 주님의 팔로 든든히 붙잡아 주옵소서.

주님, 성령께서 설교자와 함께하옵소서. 성령의 도우심 가운데, 성령의 능력으로 말씀을 선포하게 하옵소서.

주님, 겸손히 주님의 음성에 귀 기울이게 하시고, 말씀이 선포되는 순간순간 주님의 말씀이 설교자의 심령을 사로잡게 하옵소서.

주님, 설교자에게 사랑의 마음을 부어 주옵소서. 주님의 마음을 본받아, 주님의 마음을 담아 선포하게 하옵소서.

주님, 설교자에게 정의로운 마음을 부어 주옵소서. 하나님의 저울로 판단하여, 하나님의 기준을 바르게 세우게 하옵소서.

주님, 설교자에게 용기를 부어 주옵소서. 담대한 마음으로 하늘의 진리를 가감 없이 선포하게 하소서.

주님, 설교자를 온전한 증인으로 사용하여 주옵소서. 주님이 하신 일들을, 주님이 베푸실 은혜를 정직하고 정확하게 증언하게 하옵소서.

주님, 설교자를 주님의 거룩한 도구로 사용하여 주옵소서. 오로지 예수 그리스도만 높아지게 하옵소서.

주님, 설교자의 연약함을 덮어 주시고, 주님이 주신 달란트를 겸손하게, 그러나 최선을 다해 사용하게 하옵소서.

주님, 말씀을 나누는 이 복된 시간이 주님의 크신 은혜를 경험하며, 세상에 나아가 주님의 뜻대로 살아갈 수 있도록 다짐하는 기회가 되게 하옵소서. 예수님의 이름으로 기도합니다. 아멘.

따라 쓰는 한 줄 기도

내가 드리는 한 줄 기도

사역자를 위해

고전 15:58; 갈 6:9

주님의 몸 된 교회와 주님의 백성들을 돕기 위해 부르신 사역자들을 위해 기도합니다. 사역자들을 부르시고 교회에서 맡겨진 일들을 감당하도록 허락해 주심에 감사드립니다. 주님의 교회와 주님의 백성을 섬기기 위해 애쓰는 사역자들을 축복하옵소서.

사역자들이 날마다 주님을 의지할 수 있도록 흔들리지 않는 깊고 견고한 믿음을 주옵소서. 주님이 허락하신 기쁨과 평안이 그들의 삶 속에 넘치게 하옵소서. 주님이 그들에게 필요한 지혜와 힘을 주신다는 사실을 잊지 말고, 주님의 말씀에 뿌리를 내리고, 기도의 힘에 의지할 수 있도록 도와주소서.

그들의 언어와 행동과 모든 일상에 주님의 마음과 빛이 가득 담겨서 그들의 삶이 그리스도의 사랑과 은혜를 증거하게 하옵소서. 그리하여 그들의 발자취가 다른 이들에게 영감을 주는 거룩하고 복된 여정이 되게 하옵소서.

유혹이 다가올 때 주님처럼 말씀으로 능히 이겨 낼 수 있게 하옵소서. 사역자들을 힘들게 만드는 도전에 맞서는 용기도 허락하옵소서. 헌신의 여정을 주님의 빛으로 친히 인도하옵소서. 성령께서 늘 함께하옵소서. 그들이 항상 주님의 인도를 구하며 정직과 연민으로 교회와 성도들을 섬길 수 있도록 도와주소서.

주님이 맡기신 일들을 이루어 가는 데 필요한 은사를 넉넉하게 허락하시고, 실제로 필요한 것들도 부족함이 없도록 공급해 주시기를 간구합니다. 지치고 힘든 일이 있을 때 새로운 힘과 용기를 주시며, 실망할 때 주님이 주시는 소망으로 채워 주옵소서.

혹여 지나친 부담으로 낙담하거나 심지어 탈진할 때 주님이 늘 함께하시며 도우신다는 사실로 인해 위로받게 하시고, 오히려 하나님의 도우심을 더욱 신뢰하는 기회가 되게 하옵소서.

사역자들을 위해 기도하며 지지하는 공동체를 위해 기도합니다. 우리로 하여금 그들의 소명을 격려하고 응원하게 하시고, 서로 협력하여 주님의 나라를 온전히 세워 가게 하옵소서. 예수님의 이름으로 기도합니다. 아멘.

따라 쓰는 한 줄 기도

내가 드리는 한 줄 기도

청소년들과 어린이들을 위해

잠 3:5-6; 사 54:13

주님, 이 시간 축복으로 허락하신 우리의 청소년들과 어린이들로 인해 감사와 찬양을 드립니다. 우리 아이들을 주님의 손에 맡기며 기도합니다. 그들의 마음과 생각을 주님의 사랑으로 감싸 주시고, 믿음 안에서 바르게 자라도록 날마다 도우소서. 어디를 가든지 무엇을 하든지 주님을 신뢰하며 나아가게 하시고 그 발걸음을 친히 인도하여 주옵소서(잠 3:5-6).

주님, 유혹과 위험이 다가올 때도 두려워하지 않고 담대히 살아갈 용기를 주옵소서. 주님의 말씀을 기준으로 올바른 선택을 할 수 있는 지혜와 분별을 허락하옵소서. 친구들과 더불어 사랑과 존중을 배우게 하시고, 주님의 마음을 닮아 서로 격려하며 세워 가는 삶을 살게 하옵소서.

교회가 이 아이들에게 아름다운 관계와 배움의 터전이 되게 하시고, 말씀을 기쁨으로 받고, 기도와 찬양으로 주님과 깊이 연결되는 자리가 되게 하옵소서. 그들의 고민과 두려움을 주께서 외면치 마시고 마음 깊은 곳에 평강과 용기를 심어 주옵소서.

가정과 교회가 아이들을 사랑과 돌봄으로 품게 하시고, 믿음의 본을 보여 주는 이들이 곁에 있게 하소서. 주님의 뜻을 따라 살아가는 기쁨을 깨닫게 하옵소서. 어려운 환경 속에 있는 아이들도 소망 가운데 자라나게 하시며, 우리가 그들을 위해 기꺼이 손을 내미는 공동체가 되게 하옵소서.

주님 안에서 한 가족인 것을 기억하며 아이들을 늘 마음에 품고 기도하게 하시고, 외롭거나 지칠 때 그들의 등 뒤에서 힘이 되어 주는 복된 가족이 되게 하옵소서.

주님, 아이들의 작은 손과 발이 이 세상 가운데 주님의 빛과 사랑을 전하는 통로가 되게 하시고, 믿음 안에 뿌리내린 삶으로 주님의 영광을 드러내게 하옵소서. 예수 그리스도의 이름으로 기도합니다. 아멘.

따라 쓰는 한 줄 기도

내가 드리는 한 줄 기도

교회에서 봉사하는 분들을 위해

벧전 4:10-11; 마 20:26-28

하나님 아버지, 교회의 안팎에서 성실하게 섬기는 아름다운 이들이 있습니다. 오늘도 마음과 정성을 다해 곳곳에서 일하고 있는 모든 이를 주님 앞에 올려 드립니다. 하나님의 나라를 위해 시간과 재능과 힘을 바치는 주님의 자녀들을 축복하옵소서. 앞서서 책임을 지고 이끌어 가는 이들로부터 보이지 않는 곳에서 궂은일을 감당하는 이들에 이르기까지 모든 헌신에 주님의 사랑과 은혜가 가득 담기기를 소원합니다.

주님, 충성스럽고 신실한 주님의 일꾼들에게 날마다 새로운 힘을 허락해 주옵소서. 주님의 마음을 닮아 겸손하게 하시고 주님이 허락하시는 즐거움과 보람을 넉넉하게 부어 주옵소서. 혹여 낙망하거나 힘겨운 순간이 찾아올 때 주님이 친히 보호하시고 인내하며 극복할 수 있는 소망을 주옵소서.

봉사와 헌신의 과정을 통해 주님 안에서 더욱 성숙해지기를 원합니다. 모든 만남 속에서 그리스도를 본받아 살아가는 아름다운 삶의 본보기가 되도록 주님이 함께하시고 도와주옵소서. 그들의 일상이 주님의 빛을 반영하도록 해 주옵소서.

그들을 통해 이루어지는 하나님 나라에서는 자신을 잃음으로써 자신을 발견하며, 가장 많이 베풀 때 가장 많이 얻으며, 자신을 부정할 때 성취를 경험하며, 다른 이의 행복을 추구할 때 가장 행복함을 알게 하옵소서.[20]

그들이 하는 일이 크거나 작거나 모두 거룩한 가치가 있음을, 그 모든 일이 주님과 주님의 나라를 위해 사용되고 있음을 잊지 않게 하옵소서. 주님의 은총과 기쁨이 이 헌신과 충성의 여정에 충만하기를 기원합니다. 예수님의 이름으로 기도합니다. 아멘.

따라 쓰는 한 줄 기도

내가 드리는 한 줄 기도

찬양대(찬양팀)를 위해

시 100:1; 골 3:16

은혜로우시고 사랑이 많으신 하나님, 주님이 우리에게 음악을 선물로 주심에 감사드립니다. 찬양대(찬양팀)에게 허락하신 아름다운 은사에 감사합니다. 예배를 섬기는 귀한 사역에 주님의 기름 부음이 임하기를 간절히 간구합니다.

주님, 그들에게 성령의 강력한 임재가 있기를 소망합니다. 연습하는 과정에서부터 예배를 돕는 시간에 이르기까지 주님의 영이 함께해 주시고 인도해 주시기를 원합니다.

무엇보다 그들의 음악이 주님을 향한 사랑과 경배로 나타나게 하옵소서. 하나 된 마음으로 찬양하며, 친절과 인내로 서로를 돕게 하시고, 주님이 허락하시는 참된 기쁨이 그들의 삶에 가득하게 하옵소서. 또한 그들의 노래와 연주가 서로에게 격려와 위로가 되게 하시고, 서로의 은사와 열정을 존중하며 사랑으로 연합하게 하옵소서. 그들의 복된 헌신 속에 주님의 사랑이 살아 숨 쉬며, 찬양을 통해 신앙 공동체 전체가 하나 되도록 도와주옵소서.

그들이 드리는 찬양이 그들의 마음과 삶을 담은 거룩한 산 제사가 되게 하옵소서. 그들의 은사를 통해 많은 이들이 주님의 임재를 경험할 수 있도록 그들을 거룩하게 사용하여 주옵소서. 그리하여 마음에서 우러난 믿음과 사랑의 고백들이 향기로운 찬양으로 표현되도록 인도하옵소서.

아름다운 찬양을 만들기 위한 분투가 자신을 드러내는 일이 되지 않고, 주님의 영광과 은총을 전하는 도구가 되게 하옵소서. 우리의 찬양을 기뻐 받으시는 예수님의 이름으로 기도합니다. 아멘.

따라 쓰는 한 줄 기도

내가 드리는 한 줄 기도

빛과 희망의 통로로
김기석

하나님,

우리는 하나님을 믿는다고 장엄하게 고백하면서도,

삶으로 하나님을 부정할 때가 많았습니다.

우리야말로 양쪽 길 살피기에 익숙한 사람들이었습니다.

상황이 변하면 하나님을 외면하기 일쑤였습니다.

불쌍히 여기소서.

불쌍히 여기소서.

이제는 일어선 사람 되게 도와주시고

예수 그리스도가 앞서 걸어가신 그 길을 따라

뚜벅뚜벅 당당하게 남 눈치 보지 않고

걸어갈 줄 아는 참사람이 되게 하소서.

그래서 우리를 통하여

이 어두운 땅에 빛이 도래하게 하시고,

절망에 가득 차 있는 사람들의 가슴속에

희망이 유입되게 하소서.

빛과 희망의 통로로

주님,

우리를 통하여 사람들에게

하늘의 사랑이 전달되도록 우리를 사용하여 주소서.

아멘.[21]

평화를 구하는 기도

마르틴 루터(Martin Luther)

주님,

당신의 나라 모든 곳에 평화를 주소서.

모든 백성에게 건강과 평화를 주소서.

주님,

당신은 우리에게 거룩한 소망을 일깨우며,

유익한 권고를 주고,

의로운 행동을 하게 만드는 하늘 아버지이십니다.

당신의 종들에게 세상이 줄 수 없는 평화를 주소서.

평화를 구하는 기도

그리하여 우리의 마음이

당신의 명령에 견고히 붙어 있게 하소서.

원수의 위협에서 안전히 보호하여 주시고,

평안히 지내게 하소서.

당신의 아들 우리 주 예수 그리스도의 이름으로

기도합니다. 아멘.[22]

3부 _______ 연단의 기도

시련과 전환기 속에서＿＿＿＿＿＿
주님을 찾는 기도

교회 안에서 지치고 힘겨움(소진)을 느낄 때

사 40:29; 갈 6:8

하나님 아버지, 제게 주어진 일들이 저에게 부담을 안겨 줍니다. 책임감으로 인해 마음이 무겁기에 주님의 도우심을 구합니다. 무거운 짐 진 자들을 부르셔서 평안과 쉼을 주시는 주님, 이 시간 제 마음속 모든 부담과 감당해야 할 모든 일을 주님 앞에 내려놓습니다. 위로해 주시고 힘을 주옵소서.

무엇보다 저의 연약함을 주님 앞에서 고백합니다. 넘어지고 실수할 수밖에 없는 저를 주님이 불쌍히 여겨 주옵소서. 또한 혼자서 해결하려고 했던 무지와 교만을 주님께 고백하오니, 주님이 깨우쳐 주시고 바른길로 인도하여 주옵소서.

주님의 도우심을 구합니다. 제가 기쁨과 인내로 주님과 교회를 섬길 수 있도록 돌보아 주옵소서. 이 힘겨운 시간을 헤쳐 나갈 때 주님이 저의 피난처가 되어 주시고 새로운 힘을 불어넣어 주옵소서. 주님이 주시는 평안을 체험하게 하시고 주님을 섬기는 목적과 의미를 망각하지 않도록 날마다 인도하여 주옵소서.

육신의 힘겨움에 믿음이 흔들리지 않게 하시고, 주님의 변함없는 도우심과 주님이 항상 저와 함께하신다는 약속을 믿고 오늘도 잠잠히 주님의 섭리를 기다리는 인내심을 허락하여 주옵소서. 우리의 힘과 위로가 되시는 예수님의 이름으로 기도합니다. 아멘.

따라 쓰는 한 줄 기도

내가 드리는 한 줄 기도

친구와 사이가 안 좋아졌을 때

잠 17:17; 전 4:9-10

하나님 아버지, 좋은 친구를 통해 많은 즐거움을 허락하셨음을 기억하며 감사하는 마음으로 주님께 나아갑니다. 기쁨과 슬픔을 나누고, 즐거운 일과 어려움을 통해 서로 얼마나 소중한 존재인지 확인해 왔습니다. 주님이 선물로 허락하신 아름다운 관계 속에서 지금까지 성장하게 하신 것에 깊이 감사드립니다.

주님, 이 시간 저의 사랑하는 친구를 위해 기도합니다. 미처 헤아리지 못했거나 저의 부족함으로 인해 관계에 좋지 않은 영향을 주었다면 주님이 저를 깨우쳐 주시고 새롭고 복된 관계로 발전할 수 있도록 세밀하게 인도하여 주옵소서. 주님의 지혜와 은혜를 간구합니다.

서로에 대한 존중과 배려에 기초한 단단한 관계로 성장하며 서로에게 선한 영향을 끼치는 만남으로 지속시켜 주옵소서. 주님이 우리를 아무 조건 없이 은혜로 품어 주셨듯이, 우리도 서로 용납하며 이해하고 배려하며 살아가게 하옵소서. 서로가 사랑받는 자가 되었다는 선물을 서로에게 나눌 수 있는 우정으로 자라 가도록, 하나님의 사랑하시는 목소리를 들려주옵소서.[23]

혹여 불필요한 오해로 인해 소원해지는 일이 없게 하시고, 자신의 이익을 구하기보다, 서로가 지지와 격려를 통해 유익을 주는 관계로 나아가게 하옵소서.

우리 안에 당신의 형상을 빚으사 성부와 성자, 성령께서 서로 교제

하시듯 우리가 서로 사귀게 하시고 우리를 친구로 선언하신 당신과 사
귐으로써 일어나는 기쁨을 증언하게 하소서.[24]

우리의 친구이자 구세주이신 예수 그리스도의 이름으로 기도합니
다. 아멘.

세대 차이로 인한 갈등을 느낄 때

잠 20:29; 딤전 4:12

하나님 아버지, 저와 다른 생각을 가진 이들과 만나고, 이야기를 나누고, 함께 일하는 것이 쉽지 않습니다. 인생의 경험이 다르기에 당연한 일이지만, 사소한 일로 오해가 생기고 마찰을 빚기도 합니다. 당혹스러워 어떻게 갈등을 해결할 수 있을지 몰라 막막합니다. 모든 벽을 허무시고 평화를 만드시는 주님의 은총에 의지합니다.

타인을 바라볼 때 그가 주님의 자녀임을 잊지 않게 하시고, 주님이 저를 존귀하게 여기시듯 저도 다른 사람들을 귀히 여기며 늘 선대하고 격려하게 하옵소서.

사랑의 주님, 제가 주님의 마음을 품게 해 주옵소서. 주님이 친히 낮아지셔서 사랑의 본보기가 되신 것을 기억하고 그 사랑을 닮기 위해 애쓰는 사람이 되게 하여 주옵소서. 지극히 작은 것들의 소소한 감정을 예민하게 살피신 주님과 같이 저도 주님의 시선으로 다른 이들을 바라보고, 너그럽게 이해하고, 겸손히 경청하게 해 주옵소서. 그리하여 주님과 같이 치유와 화해를 만들게 하옵소서.

나이를 초월하여 친절함으로 서로를 대하게 하시고, 답답한 일이 있더라도 인내로 기다리게 하옵소서. 주님, 무엇보다 저와 다른 경험을 가진 이들로부터 배우려는 겸손함과 용기를 허락하여 주옵소서. 젊은 이들에게 순수함과 패기를, 어르신들로부터 연륜에 담긴 여유와 지혜를 얻게 하옵소서.

주위에 다양한 사람들이 있다는 사실이 축복임을 고백하며 감사하는 마음을 갖게 하옵소서. 우리 주위에 있는 이들을 주님이 선물로 허락하셨음을 잊지 않고, 소중한 만남이 주님을 증거하는 기회가 되게 하여 주옵소서. 우리 모두를 하나로 묶어 주시는 예수님의 이름으로 기도합니다. 아멘.

따라 쓰는 한 줄 기도

내가 드리는 한 줄 기도

용서하기 힘들 때 용서할 수 있도록

엡 4:32; 마 6:14-15

오 하나님, 우리는 우리에게 잘못한 이를 용서하는 데 늘 실패합니다. 부디 이 굴레에서 우리를 자유롭게 해 주소서. 당신께 간구하오니, 당신의 아들, 우리의 구세주 예수 그리스도를 통해 우리에게 보여 주신 풍요로운 생명이 지닌 자유를 우리에게 허락하소서. 지금부터 영원토록 예수 그리스도께서는 한 분 하나님, 성령과 함께 하나를 이루시며 우리를 통치하심을 우리가 믿습니다.[25]

주님, 제 마음이 너무 작아 다른 사람의 마음을 받아들이지 못합니다. 제가 주님께 용서받은 것처럼, 다른 이들을 용서할 수 있기를 원합니다. 제 능력과 성정으로는 힘겨운 일이기에 주님의 도우심을 구합니다. 제게 용서의 마음을 허락하여 주옵소서.

혹여 저의 교만으로 인하여 스스로 심판하는 자리에 앉아 이웃을 무시하지는 않았는지 돌아봅니다. 저 자신의 부족함은 깨닫지 못하면서 다른 이들의 약점을 보고 위안을 삼기도 했습니다. 주님, 이 모든 어리석음과 교만을 용서하여 주옵소서. 먼저 자신을 철저하게 성찰하게 해 주옵소서. 주님 보시기에 부끄럽지 않도록 매일매일 바른길을 가르쳐 주시고 주님의 길로 인도하여 주옵소서.

주님, 혹여 제 자존심으로 인해 내려놓지 못하는 부분이 있다면 주님이 만져 주시고 해결해 주시기를 간구합니다. 주님이 원하시는 성숙하고 거룩한 인격의 사람으로 다듬어 주옵소서. 저의 힘으로 어려우니 성령께서 말할 수 없는 탄식으로 저를 위해 간구해 주시기를 소망합니다. 예수님의 이름으로 기도합니다. 아멘.

육체적 질병을 포함한 긴 고통 중에 있을 때

시 34:18-19; 롬 8:26

자비로우신 하나님 아버지, 연약한 육체와 무너진 마음을 가지고 주님 앞에 나왔습니다. 주님을 의지하고 주님의 회복의 은혜를 신뢰하면서도, 여전히 힘겹고 어렵습니다. 제가 감당하기에 너무 무거웠습니다. 저 자신에게 실망하여 더 부끄럽습니다. 이제 의지할 곳이 없음을 고백하며 인생의 주인이신 주님의 도우심을 구합니다.

물론 모든 상황을 이해하는 것이 지금은 참 어렵습니다. 왜 이런 일이 저에게 일어나는지 묻고 또 물었습니다. 주님, 주님의 도우심을 간절히 구합니다. 이 모든 일을 이미 아시는 주님, 저에게 주님의 뜻을 헤아릴 수 있는 믿음을 허락해 주옵소서.

먼저 저 자신을 돌아봅니다. 혹여 제 계획 가운데 주님의 자리가 없지는 않았는지, 잠잠히 성찰하며 되돌아봅니다. 만약 주님이 아픔과 실패를 통해 배우기를 원하신다면, 겸손히 귀를 기울여 주님의 음성을 듣겠습니다. 주님, 깨우쳐 주옵소서. 저의 부족함을 용서하시고 주님이 원하시는 모습으로 성숙해 가도록 도와주소서.

소망의 주님, 다시 일어설 힘과 용기를 주옵소서. "의인은 일곱 번 넘어질지라도 다시 일어나려니와"(잠 24:16)라는 말씀을 의지합니다. 주님이 지금까지 한 번도 저를 떠나지 아니하시고 함께하셨음을 믿습니다. 주님의 놀라운 계획이 저를 통해 이루어지기를 기대합니다.

독수리가 날개 치며 올라가듯이(사 40:31) 새롭게 도약하기를 원합니다. 낙담하며 쓰러져 있지 않게 하시고, 새로운 소망을 품게 하옵소서. 새롭게 시작할 수 있는 힘을 주옵소서. 모든 삶의 국면이 하나님의 은혜였다고 고백한 바울처럼, 저도 그렇게 당당하게 증언할 수 있는 순간이 오기를 고대합니다.

연약함을 통해 역사하시는 주님이 다시 일어설 수 있는 용기와 힘을 주옵소서. 주님이 우리 속에 생기를 불어넣으시면 우리는 태산이든 계곡이든 두려움 없이 넘어갈 수 있습니다.[26]

죽음을 부활로 바꾸신 기적의 이름, 예수 그리스도의 이름으로 기도합니다. 아멘.

따라 쓰는 한 줄 기도

내가 드리는 한 줄 기도

두려움과 괴로움에 휩싸여 있을 때

시 91:4-6; 롬 9:1-2

하루하루 주님의 인도하심 가운데 걸어왔음을 고백하며 지금까지 보호하신 은혜에 감사합니다. 그러나 주님, 예기치 않은 수많은 일들로 지치고 낙담합니다. 저의 연약함과 미숙함, 그리고 부족함으로 인해 힘들고 괴롭습니다. 자신에게 큰 근심과 마음에 그치지 않는 고통이 있다고 한탄한 바울의 심정으로 기도의 자리에 나왔습니다.

사방에서 화살이 날아들고 불안함이 엄습합니다. 고뇌와 비통함을 내려놓고 주님께 빕니다. 마음에 심히 큰 어려움과 아픔이 가득하오니 하나님이 그 마음을 만져 주시고, 보듬어 주옵소서. 주님은 멀리서도 제 생각을 밝히 아시오며 저의 길과 눕는 것을 살펴보시며 저의 모든 행위를 익히 아십니다(시 139:1-3). 세상에 의지할 분은 주님밖에 없음을 다시 고백하며 주님의 위로와 보호를 간구합니다.

이 두려움을 극복할 만한 힘이 제게는 없다고 느껴집니다. 또한 이 세상은 두려움으로 가득 차 있습니다. 하오니, 저의 두려움을, 두려워하고 있는 사람들을 위한 기도로 바꾸어 주십시오. 저의 어두움이 세계 속의 두려워하는 사람들과의 유대감을 체험하는 통로가 되어, 두려움에서 비롯된 이 기도가 다른 사람을 위한 치유의 근원이 되게 하옵소서.[27]

비록 지금은 어렵지만, 가는 길이 보이지 않는 듯하고 막막해 보이지만, 지금까지 그러하셨듯이 불 기둥과 구름 기둥으로 인도하여 주실 줄 믿습니다. 이 모든 상황 속에서 하나님의 계획과 사랑을 깨달아 밝히 알게 하시고, 괴로움 중에 오히려 주님의 진리를 모두 체험하게 하옵소서.[28]

주님의 도우심으로 당당하게 주님의 빛 가운데 걸어가게 하옵소서. 주님을 더욱 깊이 신뢰하게 하시고, 하나님의 한결같은 사랑에 거하게 하옵소서. 예수님의 이름으로 기도합니다. 아멘.

마음의 상처 치유를 위해

시 147:3, 34:18

모든 상처를 마음에 품으시는 하나님, 저의 절망적인 상황과 어둠으로 들어와 주시옵소서. 주님의 고통은 저의 고통이며, 저의 고통은 곧 주님의 고통입니다.[29]

하나님 아버지, 무거운 마음으로 주님 앞에 나옵니다. 상한 마음을 치유하시고 우리의 상처를 싸매어 주시는 주님, 그 사랑의 손길을 구하며 주님께 기도합니다. 고통이 깊고, 상처는 아물지 않고 있습니다.

사람의 입술에서 흘러나온 말들이 제 마음을 깊이 찌르고, 그날의 상처 입은 흔적들이 여전히 제 안에서 지워지지 않은 채 남아 저를 괴롭힙니다. 제 영혼은 그 기억에 눌려 신음하며 고통에 머무릅니다. 때로 치밀어 오르는 분노를 절제하지 못하여 제 입술과 표정으로 제 아픔이 고스란히 드러납니다. 주님이 저를 안타까이 여기시고 돌보신다는 사실을 믿고, 이 시간 제 모든 짐을 주님 발 앞에 내려놓습니다.

주님이 이 모든 상처를 치료하여 주옵소서. 체휼하시는 주님, 고난 중에 있는 저를 위로하시고, 주님의 품 안에서 참된 위안과 평화를 누리게 하옵소서. 주님의 자비로 제 상처를 덮어 주시고, 얼어붙은 제 심령을 주님의 따스한 손길로 녹여 주옵소서.

날카로운 언어의 가시가 주님의 은혜 안에서 뽑혀 나가게 하시고, 고통의 흔적이 원망이 되지 않게 하시고, 상처가 오히려 치유의 통로가 되게 하옵소서. 주님의 사랑 안에서 제 영혼을 새롭게 하시고, 주님의 위로를 나누는 도구로 삼아 주옵소서. 주님이 회복시켜 주실 것을 믿습니다.

제 몸과 마음과 영혼 구석구석까지 희망과 기쁨의 노래가 가득하게 해 주옵소서. 죽음을 이기시고 부활하신 주님이 제게도 놀라운 변화를 일으켜 주시기를 간구합니다.

우리의 왜곡된 앎을 조율해 주시고, 우리의 상한 영혼을 치유해 주소서. 우리의 상한 영혼을 정직하게 마주할 수 있는 용기를 주시고, 은총으로 변화시켜 주시어 당신의 영광을 드러내는 새로운 삶으로 거듭나게 하소서.[30]

나의 치유자이자 위로자이신 예수 그리스도의 이름으로 기도합니다. 아멘.

따라 쓰는 한 줄 기도

내가 드리는 한 줄 기도

화난 마음을 추스르기 위해

약 1:19-20; 잠 15:1

사랑의 주님, 주님을 사랑한다고 고백하고 이웃을 내 몸과 같이 사랑하겠다고 결심했지만, 여전히 화를 참지 못하는 저를 불쌍히 여겨 주옵소서. 주님의 이름을 망각하고 스스로 해결하려다 제 감정을 지혜롭게 조절하지 못했습니다. 주님의 십자가를 지겠다고 나섰으나, 욕심으로 인해 주저하고 내려놓기를 반복합니다.

의로운 분노라고 생각했으나 지나고 보니 저의 신앙과 인격이 부끄러운 수준이었다는 사실을 깨닫게 됩니다. 감사와 기쁨을 망각하고 불평과 불만을 마음속에 가득 쌓아 두었습니다. 혹여 제 실수로 관계가 어긋나지는 않았는지 돌아봅니다.

저 자신에 대한 실망감을 가지고 주님 앞에 나아옵니다. 제 인격과 성품이 여전히 미성숙함을 고백합니다. 모난 곳이 너무 많아 주님 앞에 서기가 부끄럽습니다. 주님이 날카로워지고 거칠어진 제 마음과 언어를 세밀하게 다듬어 주시기를 소원합니다.

분노의 순간에 주님의 사랑과 은혜를 기억하게 하옵소서. 감정이 흔들릴 때 노하기를 더디 하라는 주님의 말씀으로 붙잡아 주옵소서. 주님의 인내가 저의 마음속에 거하게 하옵소서. 성령의 도우심 가운데 온유와 오래 참음을 소유하게 하옵소서. 손과 발과 표정을 통해 주님의 사랑의 향기가 드러나게 하옵소서.

주님, 바르게 분노하기 원합니다. 사랑이 가득한 바른 분노를 소유

하고 싶습니다.[31] 말과 행동이 매 순간 주님의 사랑을 반영하게 하옵소서. 주님의 도우심 가운데 저의 몸과 마음이, 언어가 거룩하게 정돈되게 하옵소서. 제 말과 행동에서 그리스도의 사랑이 밝히 드러나 주님의 사랑을 증거하는 통로가 되게 하여 주시기를 간절히 소망합니다. 예수님의 이름으로 기도합니다. 아멘.

따라 쓰는 한 줄 기도

내가 드리는 한 줄 기도

어려운 이웃에게 다가가기를 소망하며

막 12:31; 히 13:2

환대의 주인이신 하나님 아버지, 누군가 제게 먼저 다가와 주기만을 바라고, 제가 먼저 다가서지 못했습니다. 어렵고 힘들 때 누군가 도와주기를 갈망하였으나, 저 자신은 상처 입은 영혼들에게 먼저 손 내밀지 못했습니다. 주님, 저는 이웃의 고통에 둔감하고 자기밖에 모르는 이기적인 자입니다. 주님의 자비로 용서하여 주옵소서.

이 시간 저의 도움이 필요한 주변의 이웃들을 위해 기도합니다. 제 눈을 열어 주셔서 그들의 어려움을 보게 하시고, 제 귀를 열어 그들의 아파하는 소리를 듣게 하시며, *우리의 마음을 열고 낯선 이웃을 위한 자유로운 공간을 만들어*[32] 그들을 품게 하옵소서. 이웃의 눈빛에서 하나님의 모습을 보게 하시고, 그들의 입술을 통해 주님의 음성을 듣게 해 주옵소서.

저와 다르다 하여 무시하거나 밀어내는 교만과 차별의 죄를 짓지 않게 하옵소서. 세상이 정한 가시적 기준에 매몰되어 무엇이 사랑에 입각한 행동인지 망각하는 일이 없게 해 주옵소서.

저의 자리를 내어 주는 결단이 있게 하셔서 저로 하여금 이웃들에게 뜨거운 햇볕을 가려 주는 겨자 나무의 그늘이 되게 하시고, 그들이 편안한 쉼을 얻는 피난처가 되게 하여 주옵소서. 제가 환대를 베풀며 겪는 불편함을 감내할 수 있도록 인내와 용기를 허락하옵소서. 냉랭해진 세상에 온기를 전하며, 날마다 사랑의 품을 넓혀 가며 살게 하옵소서.

제가 하는 모든 일에 주님의 사랑과 은혜가 기준이 되게 하사 이웃을 내 몸과 같이 사랑하도록 가르쳐 주소서. 예수 그리스도께서 천하고 가난한 이들에게 다가가신 것을 기억하며, 저도 그들을 주님의 아들과 딸로 여기며 살아가게 하옵소서. 물질적인 도움뿐만 아니라 따뜻한 친절과 격려를 베풀게 하옵소서.

환대의 영이신 성령님, 그리스도와의 연합 가운데 우리 안의 경직된 마음에서 자유케 하사, 우리 삶의 한가운데 이웃을 위한 공간을 마련하게 하옵소서. 우리에게 '포용하려는 의지'를 주셔서, 이웃에게 공감하고 책임지려는 마음을 갖게 하옵소서.[33]

예수님의 이름으로 기도합니다. 아멘.

따라 쓰는 한 줄 기도

내가 드리는 한 줄 기도

복음을 전하는 용기가 필요할 때

롬 1:6; 딤전 1:7-8

하나님 아버지, 예수 그리스도의 기쁜 소식인 복음을 선물로 주심에 감사합니다. 또한 제게 복음을 전하라는 명령을 통해 인생의 목적을 알려 주심에 감사합니다. 복음을 맡은 자로서 충성을 다할 수 있도록 성령께서 저에게 담대함과 용기를 채워 주옵소서.

혹여 저에게 주님을 전하는 일에 주저함이 있다면 그 모든 원인을 제거하여 주옵소서. 의심하는 순간이 있다면 굳건한 믿음을, 두려움 가운데 있다면 용기와 소망을 주옵소서.

무엇보다 잃어버린 영혼들을 불쌍히 여기는 예수 그리스도의 마음을 허락하여 주옵소서. 구령의 열정이 제 마음에 불타오르게 하시고 복음을 전하는 데 필요한 지혜와 지식도 충만하게 채워 주옵소서.

주님, 저 자신이 주님의 편지임을 기억하게 하시고 저의 삶이 주님의 사랑과 은혜를 선포하는 증거가 되게 하옵소서. 제자의 흉내만 내고 있지 않은지 겸손한 마음으로 돌아보게 하옵소서. 영혼의 구원을 위해, 저에게 맡겨진 소명을 감당하기 위해 분투하게 하옵소서. 그리하여 주님을 만나는 그날, 착하고 충성된 종이라고 칭찬받는 성도가 되게 하옵소서.

주님, 주님은 말로만 복음을 전하지 않으셨습니다. 친히 낮은 곳으로 가셔서, 손과 발로 하나님 나라의 삶을 보여 주셨습니다. 한계가 없는 사랑을 십자가를 통해 증명하셨습니다. 저도 주님을 따라서 살게 해 주옵소서. 어려움과 방해가 있을 때에도 포기하지 않게 하시고, 주님 안에서 흔들리지 않는 확신과 인내를 허락하옵소서.

제 마음속에 있는 모든 두려움과 이기적인 생각을 지워 주시고, 주님의 일을 기쁨으로 감당하게 하옵소서. 제가 나누는 복음이 단순한 말이 아니라, 삶으로 연결되어 주님을 증거하는 도구가 되게 하옵소서. 주님의 사랑과 능력 안에서 담대히 복음을 전하며, 그 사랑이 많은 사람들의 삶 속에서 열매 맺게 하여 주옵소서. 예수님의 이름으로 기도합니다. 아멘.

따라 쓰는 한 줄 기도

내가 드리는 한 줄 기도

환대를 위한 기도

롬 12:13; 벧전 4:9

한없이 부족한 저를 은혜로 자녀 삼아 주시고, 제가 풍성한 복음의 신비 가운데 살기를 원하시는 주님, 주님의 기대에 미치지 못한 저를 불쌍히 여기옵소서.

듣기는 속히 하고 말하기는 더디 하라 하셨지만 진리를 듣기에는 게을렀고 제 욕심을 말하는 데에는 서슴지 않았습니다. 넘치는 악을 다스리지 못했고 경솔한 말과 행동으로 누군가의 마음에 상처를 남겼습니다. 고통받는 사람들의 신음에 둔감했고 그들의 상처를 어루만지지 못했습니다. 바르지 않은 시선으로 판단했고 온갖 자기 기준을 내세워 정죄하고 미움을 쌓아 살았습니다.

사랑이 많으신 주님, 저의 연약함과 무기력함을 불쌍히 여기시고 제 모든 허물을 용서하옵소서. 그리고 이제 주님의 마음을 품고 살도록 저의 길을 인도하여 주옵소서.

성령의 도우심으로 차마 내려놓지 못한 교만과 부서진 마음을 주님 앞에 드립니다. 주님이 값없이 주신 은혜의 선물을 기억하며 저도 겸손히 서로를 사랑하게 하옵소서. 저의 일상이 주님의 사랑을 증거하는 향기로운 시간이 되게 하시고 제 삶을 통해 주님의 영광이 드러나게 하옵소서.

주님, 제 안에 주님을 닮고자 하는 거룩한 열망이 식지 않게 하시고 진리의 말씀에 순종하며 살게 하옵소서. 이웃의 허물과 상처를 감싸 주고 궁핍한 자를 돌아보는 일에 더욱 부지런하게 하옵소서. 주님 만나는 그날까지 주님의 마음을 닮으려는 갈망이 제 안에서 꺼지지 않게 하옵소서.

주님이 우리를 하나 되게 하신 것처럼, 우리도 세상에 나아가 찢긴 세상 기우며 살게 하소서.[34]

주님의 도우심을 간구하며 예수님의 이름으로 기도합니다. 아멘.

경제적으로 어려운 상황에서

시 28:7; 잠 3:9-10

하나님, 어려운 상황 속에서도 주님이 옆에 계시기에 감사합니다. 주님께 기도드릴 수 있음과 기도를 통해 주님의 응답을 기대할 수 있음에 또한 감사드립니다.

때로 어려움에 압도되고, 불안이 파도처럼 밀려옵니다. 혼란 속에서 두려워하며 주님의 도우심을 구합니다. 모든 것을 창조하시고 필요한 것들을 공급하시는 주님을 의지합니다. 주님이 나의 힘이며 방패이심을 고백합니다(시 28:7). 혹시 제 안에 과도한 욕심이 있었다면 사랑으로 용서하시고, 실수가 있었다면 반복하지 않도록 신중함과 지혜를 주옵소서.

주님, 제가 모든 일을 현명하게 결정하고 대처할 수 있도록 주님의 길을 가르치시고 날마다 인도하여 주옵소서. 주님의 날개 밑에 품어 주시고, 주님의 팔로 다시 일으켜 세워 주옵소서.

재정적 위기를 넉넉히 이겨 낼 용기와 소망을 허락하옵소서. 걱정으로 인해 주님의 함께하심을 망각하지 않게 하시고 감사의 마음을 잃어버리지 않도록 저를 붙잡아 주옵소서. 재물을 우상화하지 않으며 오로지 주님께만 소망을 두고, 주님 안에서 자족하며 인내하는 신실함으로 하루하루를 살게 하옵소서. 그 무엇보다 먼저 주님의 나라와 그 의를 구하는 참된 성도가 되게 하옵소서.

주님, 이 어려움을 통해 제 마음과 삶을 다스리시고, 내면의 평안과 믿음을 더욱 견고하게 하옵소서. 주변의 작은 도움과 축복에도 감사하며, 다른 이들을 섬기고 나누는 마음을 잃지 않게 하시고, 부족함 속에서도 주님의 은혜를 발견하게 하옵소서. 경제적 어려움이 단순한 고통이 아니라 주님을 더욱 신뢰하고 성장하는 기회가 되게 하옵소서. 예수님의 이름으로 기도합니다. 아멘.

따라 쓰는 한 줄 기도

내가 드리는 한 줄 기도

실직자를 위해

빌 4:4-7; 전 12:13-14

주님, 마음이 무겁고 편안하지 않습니다. 일하는 터전을 잃고 낙망한 이들이 겪고 있는 아픔과 두려움을 생각하며 주님 앞에 나옵니다. 그들의 절망감을 주님이 품어 주시고, 그들의 신음 소리를 들으시며, 그들의 기도에 속히 응답하여 주옵소서.

무엇보다 어려움 속에서 소망을 잃지 않게 해 주옵소서. 그들의 믿음을 굳건하게 하사 주님의 평안이 그들에게 온전히 임하기를 간구합니다. 비록 암담할지라도, 주님이 지금도 동행하시며 그들의 길을 예비하셨음을 알게 하시고 힘든 시간을 견뎌 낼 수 있도록 힘과 능력을 공급하여 주옵소서. 지쳐 쓰러져 있는 이들을 일으켜 세워 주시고, 낙담하거나 좌절한 이들에게 용기와 소망을 허락하옵소서.

새로운 길을 모색할 때 주님이 함께하사 그들에게 필요하고 적합한 일들을 발견할 수 있게 하시고, 올바른 결정을 내릴 수 있는 지혜도 부어 주옵소서. 그들 앞에 장애물이 놓여 있다면 주님이 넘어설 수 있는 능력을 허락하옵소서.

광야의 길을 걸어가면서, 이스라엘 백성에게 필요한 것들을 날마다 공급하신 것처럼, 생계에 필요한 것들을 베풀어 주시고, 어둡고 희미해 보일 때 구름 기둥과 불 기둥으로 인도하여 주옵소서. 그리하여 이 혼란의 시간 속에서 오히려 인생의 주인이 누구이신지, 주님이 어떻게 보호하시고 도우시며 이끄셨는지를 고백할 기회로 삼게 하옵소서.

주님, 일하는 기쁨과 보람을 경험할 수 있는 새로운 일자리를 허락하셔서 그 일을 통해 주님께 영광을 돌리며 많은 이들에게 은혜와 축복을 나누는 삶을 살게 하여 주옵소서. 예수님의 이름으로 기도합니다. 아멘.

따라 쓰는 한 줄 기도

내가 드리는 한 줄 기도

우울함과 절망감에 빠진 친구와 이웃을 위해

사 41:10; 고후 1:3-4

사랑의 주님, 마음이 무겁고 아픕니다. 사랑하는 친구가 깊은 우울감으로 힘겨워하고 있습니다. 절망의 사슬에 묶여 기쁨을 누리지 못하고 있습니다. 주님이 그의 눈물과 고통을 이미 아십니다. 주님, 간절히 기도하오니, 그를 좌절의 수렁에서 꺼내 주소서.

주님, 깊은 우울과 좌절 속에서도 "두려워하지 말라 내가 너와 함께 함이라 … 내가 너를 굳세게 하리라"(사 41:10) 하신 주님의 약속을 붙들게 하소서. 주의 친절한 손으로 어루만지사, 그가 혼자가 아님을 알게 하소서. 마음 구석구석에 주님의 빛을 비추사, 그가 어둠 속에 버려지지 않았음을 알게 하소서. 그의 눈물을 닦아 주셔서, 그가 사랑받는 존재임을 알게 하소서.

주님, 그와 동행하사, 그가 절망의 골짜기를 홀로 걷는 것이 아니라 소망의 목적지로 주님과 함께 걷고 있음을 알게 하소서. 그에게 인생의 짐을 나누어 지는 믿음의 동지를 허락하사, 감당할 수 없는 무게로 지치지 않게 하옵소서.

주님, 그의 마음에 소망의 불씨를 지피사, 절망의 어둠을 몰아내 주소서. 그에게 부활의 기적을 보여 주셔서, 다시 살아갈 힘과 능력을 갖게 하소서. 제가 그의 곁에서 함께 울고, 웃고, 기도하며, 주님이 인도하시는 대로 서로를 응원하며 함께 걷게 하소서.

마음을 소생케 하시는 사랑의 주님, 치유자 되시는 예수 그리스도의 이름으로 기도합니다. 아멘.

따라 쓰는 한 줄 기도

내가 드리는 한 줄 기도

자녀가 떠난 후 빈 둥지 속에서 드리는 기도

시 73:23-24; 사 54:10

사랑의 하나님, 멀리 있는 자녀를 위해 기도합니다. 주님이 계시니 참 감사합니다. 보고 싶지만 그렇게 할 수 없음이 아쉽고 안타까운데, 주님께 기도할 수 있으니 큰 힘이 됩니다. 제 곁에 있을 때보다 더 안전하게 지켜 주실 것을 믿고 간구합니다.

주님, 무엇보다 주님이 눈동자와 같이 지켜 보호하시고, 늘 함께하시는 줄로 믿습니다. 주님의 따뜻한 손으로 꼭 잡아 주시고, 주님의 넓은 품에 안아 주옵소서. 아이가 부모의 부재로 인해 불안해하지 않도록 주님이 날마다 동행이 되어 주옵소서. 오히려 스스로 성찰하며 하나님과 깊은 교제를 경험할 수 있도록 주님이 도와주옵소서.

비록 몸은 떨어져 있지만 가족으로서의 친밀함이 옅어지지 않게 해 주옵소서. 아이가 혼자가 아님을 알게 하옵소서. 주님 안에서 우리가 하나임을, 믿음 안에서 서로 기대어 살아가고 있음을 잊지 않게 하시고, 서로 응원하며 격려하는 가운데 사랑의 교제가 깊어지게 하옵소서.

혹여 부모의 보살핌이 없어 건강을 관리하지 못하는 일이 없도록, 주님이 세밀하게 도우시기를 기도합니다. 혼자서 결정해야 할 일들을 마주할 때, 주님이 지혜를 허락하셔서, 당황하지 않고 바른 판단을 할 수 있게 하옵소서. 또한 좋은 만남을 허락하셔서 타인들로부터 배움이 있게 하옵소서.

주님, 혼란한 세상을 살아갑니다. 하나님의 말씀을 기준 삼아 진리 안에서 성장하게 하옵소서. 무엇보다 하나님의 자녀로서 자신이 얼마나 아름답고 소중한 존재인지를 잊지 않게 하옵소서.

주님이 원하시는 선한 일을 도모하도록 아이의 마음과 발걸음을 바른길로 인도하옵소서. 그리하여 다시 만나게 되는 날, 서로의 얼굴에 주님의 빛을 가득 담고, 예수님이 우리의 삶을 인도하셨다고 고백하게 하옵소서. 아이의 오늘과 내일을 온전히 주님께 의지합니다. 간절히 비오니, 언제나 그리고 영원히 당신의 사랑과 인자한 빛으로 우리의 자녀를 비추소서.[35] 예수님의 이름으로 간절히 기도합니다. 아멘.

따라 쓰는 한 줄 기도

내가 드리는 한 줄 기도

돌아가신 부모님을 그리워하며 드리는 기도

시 116:15; 요 14:1-3

주님, 제게 부모님을 허락하심에 감사드립니다. 주님의 섭리와 축복으로 지금까지 살아왔음을 고백하며 감사드립니다.

이 땅을 떠나신 부모님이 그립습니다. 길을 걷다가 문득 생각나고, 추억을 떠올리며 가슴 아파합니다. 지나간 날들을 생각하면 여전히 마음이 뭉클하고, 아쉬움이 깊어집니다. 부모님이 베푸신 사랑의 흔적이 마음 깊이 자리 잡고 있습니다.

주님, 이 그리움이 슬픔에 머물지 않게 하옵소서. 사랑하는 부모님이 주님 안에서 안식을 누리고 계실 것을 생각하며 감사하게 하옵소서. 영원히 떠나신 것이 아니라 오늘도 천국에서 우리를 지켜보고 계심을 잊지 않게 하시고, 부모님의 기도와 기대를 기억하게 하옵소서. 저 또한 사랑의 발자취와 믿음의 흔적을 남기며 살게 하옵소서.

주님, 부모님과 함께한 순간들을 떠올리며 웃음과 감사가 마음을 채우게 하시고, 그리움이 마음속 소중한 기억과 위로가 되게 하옵소서. 부모님께 받은 사랑과 가르침을 제 삶 속에서 실천하며, 주변 사람들에게 나누게 하시고, 부모님의 삶과 신앙이 저와 다른 이들에게 본이 되게 하옵소서. 먼 훗날 부모님과 다시 만날 때, 그리움 속에 간직했던 감사의 이야기를 서로 기쁜 마음으로 나누게 하옵소서.

주님, 부모님이 주셨던 사랑의 힘을 기억하며, 저도 사랑과 용서, 은혜의 마음으로 살아가게 하시고, 부모님의 삶을 통해 주님의 사랑을 다시 깨닫게 하옵소서. 그 사랑 안에서 평안과 희망을 누리며, 부모님과 천국에서 다시 만날 날까지 믿음과 감사의 길을 걸어가게 하옵소서. 예수님의 이름으로 기도합니다. 아멘.

따라 쓰는 한 줄 기도

내가 드리는 한 줄 기도

중독으로 괴로운 상황에서

시 40:1-3; 요 8:36

사랑하는 하나님, 주님께 의지하고 기도할 수 있게 해 주셔서 참 감사합니다. 건강과 자유와 소망을 잃어 가는 저를 불쌍히 여기시고, 문제를 극복할 힘과 용기를 주옵소서. 무엇보다 제 영혼이 주님을 향하도록 인도하시고 회복의 빛을 비춰 주옵소서.

제 주변을 둘러싼 두려움을 없애 주옵소서. 제가 가진 한계를 주님 앞에 내려놓습니다. 비록 반복되는 실수와 잘못이 있을지라도, 저를 포기하지 않으시는 주님으로 인해 저 역시 포기하지 않게 하옵소서.

치료와 회복의 과정에 주님이 동행하여 주옵소서. 치유하시는 주님의 사랑을 제게 베푸셔서 주님이 준비하신 아름다운 삶을 걸어가도록 도와주옵소서. 또한 제 마음 깊은 곳의 죄책감과 수치심이 저를 눌러 괴롭히지 않게 하시고, 주님의 용서와 긍휼을 기억하며 저 자신을 회복과 성장의 과정 속에 놓게 하옵소서.

주님, 필요한 지혜와 힘을 날마다 새롭게 공급하시고, 사람들과 여러 은혜의 통로를 통해 회복의 길을 찾게 하옵소서. 유혹과 연약함이 찾아올 때마다 성령께서 제 마음을 굳게 붙잡아 주시고, 작은 승리와 성취 속에서도 감사와 겸손을 잃지 않게 하옵소서. 주님의 평안과 신뢰 가운데 한 걸음씩 나아가며, 결국 자유와 회복으로 인도하심을 믿고 따르게 하옵소서. 예수님의 이름으로 기도합니다. 아멘.

따라 쓰는 한 줄 기도

내가 드리는 한 줄 기도

중독된 이를 위한 중보의 기도

마 11:28-29; 요 14:27

주님, 주님은 주님을 향하여 나아오는 모든 사람을 환대하시고 연약한 자를 일으키시며, 아픈 이들을 고쳐 주신 주님이심을 찬양합니다. 그들을 도우신 주님, 이 시간 ○○○(중독된 이의 이름) 성도의 아픔과 고통을 아십니다. 자비의 눈으로 ○○○ 성도를 바라보시고, 연민의 손길로 어루만져 주옵소서.

사랑하는 ○○○ 성도가 중독의 사슬에서 벗어나 자유를 누리도록 도와주옵소서. 흔들리는 마음을 단단히 붙잡아 주옵소서. 회복의 소망을 품게 하시며, 인내와 끈기로 이겨 내도록 날마다 도우시기를 간구합니다.

욕망의 유혹이 다가올 때 이길 힘을 공급해 주옵소서. 모든 시험에서 자유하도록 주님이 그 마음을 주장하여 주옵소서. 죄와의 싸움을 포기하지 않게 하시고, 결국은 ○○○ 성도 안에 계신 성령의 생명을 누리게 하옵소서.[36] 주님의 치유하시는 능력을 의지합니다.

○○○ 성도를 돌보는 모든 손길을 기억하여 주옵소서. 그들의 마음에 주님의 긍휼을 부어 주시고, 변함없는 사랑으로 돕게 하시며, 낙심하지 않고 도울 수 있도록 사랑과 지혜를 풍성히 허락하여 주옵소서.

주님, ○○○ 성도가 회복의 여정을 걸으며 느끼는 좌절과 두려움을 주님의 평안으로 덮어 주옵소서. 힘이 되어 주시는 주님의 손길을 기억하게 하시고, 작은 승리와 변화에도 감사하며 희망을 잃지 않게 하옵소서. 또한 이 과정을 통해 ○○○ 성도의 삶 속에서 주님의 사랑과 은혜가 더욱 분명하고 깊이 드러나게 하시고, 주님의 영광이 증거되도록 인도하여 주옵소서. 예수님의 이름으로 기도합니다. 아멘.

환자 본인의 수술을 앞두고

시 121:2, 9:10

사랑의 주님, 수술을 통해 치유와 회복의 문을 열어 주심에 감사드립니다. 주님을 신뢰합니다. 주님은 치유자이십니다. 주님은 저의 회복을 원하시고 고치기를 원하시는 분임을 믿습니다.

주님이 저를 도우심을 기억하고 주님의 임재 안에서 평안하도록 지켜 주옵소서. 수술 중에도 제 손을 붙잡아 주시고 용기와 소망을 부어 주옵소서.

수술을 통하여 온전히 회복되게 하시고 나날이 호전되는 기쁨이 있게 해 주옵소서. 수술을 위해 예비하신 손길들을 기억하며 그들을 위해 기도합니다. 의료진과 모든 돕는 이들을 기억하시고 수술 중에 그들과 함께하옵소서.

주님, 무엇보다도 이 일을 통해 한 치 앞도 내다볼 수 없는 제 연약함을 성찰하도록 하늘의 빛을 내려 주옵소서. 주님, 두려움과 불안으로 흔들리는 마음을 주님의 평안으로 감싸 주시고, 수술을 준비하며 느끼는 걱정과 긴장이 저를 압도하지 않게 하옵소서.

　회복의 과정에서 제 마음과 몸이 점차 주님의 평안과 힘으로 채워지게 하시고, 작은 회복의 순간마다 감사를 잊지 않게 하옵소서. 또한 수술과 회복의 과정을 통해 제 삶을 주님께 더욱 의지하게 하시고, 모든 순간을 주님의 은혜 안에서 살아가는 계기가 되게 하옵소서. 주님이 베푸시는 치유와 사랑을 마음과 몸으로 받아들여, 주님의 뜻과 사랑 안에서 건강을 회복하게 하옵소서. 예수님의 이름으로 기도합니다. 아멘.

따라 쓰는 한 줄 기도

내가 드리는 한 줄 기도

수술을 앞둔 이를 위한 중보의 기도

시 121:7, 94:22

사랑하는 ○○○(수술을 앞둔 이의 이름) 성도를 위해 기도합니다. 수술을 앞둔 이 시간, 주님이 그의 몸과 마음을 친히 붙드셔서 두려움 대신 평안으로, 불안 대신 담대함으로 채워 주옵소서.

주님, 사랑하는 ○○○ 성도를 하늘에서 내려오는 평강으로 덮어 주시며, 수술의 모든 과정을 주님의 선하신 손길로 인도하여 주옵소서. 수술하는 동안 작은 부분 하나라도 놓치지 않고 세밀히 살피사, 불편함이나 부작용 없이 온전히 이루어지게 하옵소서.

특별히 의료진을 주님의 손에 맡깁니다. 그들의 의술과 판단과 손길에 성령께서 함께하셔서서 모든 수술 절차가 순조롭게 진행되게 하시고, 끝까지 안전하고 평안하게 마칠 수 있도록 지켜 주옵소서.

또한 곁에서 지켜보는 가족과 돕는 이들에게 주님의 위로와 힘을 부어 주옵소서. 그들이 근심으로 지치지 않게 하시고, 주님이 주시는 소망을 굳게 붙들며 기다리는 동안 평안과 믿음으로 충만하게 하옵소서.

무엇보다 이 모든 과정을 통해 주님을 더욱 신뢰하고 의지하게 하시며, 주님의 은혜와 긍휼을 깊이 경험하게 하옵소서. 수술과 치유의 자리에서 주님의 기적을 맛보고, 그 놀라운 은혜를 세상에 증언하는 복된 기회가 되게 하옵소서.

주님, 수술 후 회복의 시간까지 함께하셔서, ○○○ 성도가 몸과 마음 모두 건강하게 회복되도록 도와주옵소서. 회복 과정에서 어려움이

나 통증이 있어도, 주님의 평안과 힘으로 극복하게 하시고, 감사와 신
뢰의 마음을 잃지 않게 하옵소서.

또한 이번 경험이 ○○○ 성도의 믿음을 더욱 단단히 하고, 주님의
사랑과 치유의 능력을 삶 속에서 깨닫는 계기가 되게 하시며, 주님의
영광이 그의 삶을 통해 나타나도록 인도하여 주옵소서. 주님의 도우심
을 간절히 구하며 예수님의 이름으로 기도합니다. 아멘.

따라 쓰는 한 줄 기도

내가 드리는 한 줄 기도

사고(재해)를 당한 이들과 가족들을 위해

시 46:1-2; 나 1:7

하나님 아버지, 사고와 자연재해로 피해를 입은 모든 이를 주님께 올려 드립니다. 일어나지 말아야 할 일들과 예측할 수 없는 사고들이 우리를 당혹스럽게 만듭니다.

주님, 고통받는 이들에게 위로와 평화를 허락하시고 치유를 베풀어 주옵소서. 상처를 입은 이들이 속히 낫게 하시고, 거처를 잃은 이들을 안전하게 보호하여 주옵소서.

사랑하는 가족을 잃은 이들을 위해 기도합니다. 감내하기 힘든 슬픔과 고통 가운데 있사오니 주님이 친히 위로해 주시고 주님의 팔로 감싸안아 주옵소서. 마음 깊은 곳에서 터져 나오는 슬픔의 눈물을 주님이 닦아 주옵소서.

사랑의 주님, 주님은 어려움에 부닥친 우리의 피난처요 요새이십니다. 비참한 상황 속에서도 그들과 함께하시는 주님의 임재를 신뢰하게 하옵소서. 주님의 평화가 피해를 당한 모든 이의 마음과 영혼을 지켜 주옵소서.

이 세상이 더욱 안전하고 편안한 곳이 되도록 우리가 최선의 노력을 하게 하옵소서. 실수나 무책임으로 인한 사고라면 잘못된 부분을 바로잡게 하시고, 재발을 막기 위한 책임 있는 조치가 신속히 이루어지게 하옵소서.

우리의 마음과 손길을 사랑으로 모으게 하시고, 정성을 다해 피해자들을 돕게 하옵소서. 또한 사고와 재해로 인해 정신적, 정서적 충격을 받은 이들에게 주님의 평안과 회복의 시간을 허락하시고, 트라우마와 불안을 극복할 힘과 지혜를 주옵소서.

주님, 피해자와 그 가족들이 혼자가 아님을 기억하게 하시고, 주변의 사랑과 연대 속에서 희망을 다시 찾게 하옵소서. 어려움 속에서도 주님의 은혜를 의지하며 하루하루를 살아가게 하시고, 이 모든 경험 속에서 주님의 사랑과 신실함을 깊이 느끼게 하옵소서. 예수님의 이름으로 기도합니다. 아멘.

은퇴를 앞두고 드리는 기도

시 92:12-14; 사 46:4

사랑과 은혜가 풍성하신 하나님 아버지, 인생에 담긴 주님의 섭리와 사랑에 감사드립니다. 지나온 여정을 감사의 마음으로 기억하며, 삶의 순간순간에 묻어 있는 주님의 은혜의 흔적을 다시 한 번 되새깁니다.

지난 세월 지켜 주시고 인도하신 은혜에 감사드립니다. 성취의 환희를 만끽하는 시간에도, 배움과 교제의 기쁨으로 설레는 마음에도, 길고 불안한 밤에도, 좌절과 아픔의 순간마다 함께하시고 도우신 주님의 사랑에 감사합니다.

그동안 건강을 지켜 주시고, 맡겨진 일들을 감당하게 하시니 참 감사합니다. 여러 가지 힘든 일도 있었지만, 잘 이겨 낼 수 있도록 위로하시고 힘 주시니 감사합니다. 가족과 동료들을 통해 그때그때 필요했던 기쁨과 용기를 주심에 마음 다해 감사합니다.

이제 새로운 삶의 출발선에 섰습니다. 지금까지 지켜 주시고 인도하신 주님이 앞으로의 삶에도 동행이 되어 주시기를 간구합니다. 마음에 품고 있는 계획을 이미 아시는 주님, 미래를 주님의 손에 의지합니다.

이제 더 넓은 세상과 관계 속에서 이전보다 더욱 풍성한 축복이 가득하기를 기도합니다. 건강한 몸으로 더욱 힘 있게 주님이 원하시는 일을 해 나갈 수 있도록 도우시고, 더욱 넓은 마음으로 가정과 모든 관계를 품고 주님의 은혜를 전하게 하옵소서.

하나님의 뜻과 나라를 이루는 일에 더욱 귀하고 아름답게 사용하여 주옵소서. 예수님의 이름으로 기도합니다. 아멘.

따라 쓰는 한 줄 기도

내가 드리는 한 줄 기도

굶주린 이들을 위한 식사 기도

신 15:10-11; 약 2:15-17

하나님, 하나님의 은혜로 저에게 필요한 모든 것이 선물로 주어졌음
에 감사드립니다. 그러나 이 시간 얼마나 많은 이들이 굶주림 가운데
고통당하고 있는지, 가난과 기근으로 인해 절망 가운데 있는지 모릅
니다.

주님, 그들의 신음 소리를 들으시고 주님의 사랑의 팔로 감싸안아
주시고 그들의 기도에 응답하여 주옵소서. 그들에게 위로와 소망의 빛
을 비춰 주시고 고통에서 벗어날 수 있도록 도와주시기를 간절히 기도
합니다. 혹여 부정의로 인한 가난이라면 주님의 공의가 그곳에 실현되
도록 주님이 역사하여 주옵소서.

주님, 풍요에 취해 가난하고 굶주린 이들을 잊는 죄를 짓지 않게 하
소서. 배고프고 궁핍한 이들의 처지를 진정으로 이해할 수 있는 공감
의 은사를 저에게 허락하소서. 그들의 어려움에 마음을 열 수 있도록
도와주소서.

제가 누리고 있는 모든 것이 물 위에 던진 떡과 같이 흘러가서 많은
이들이 먹고 마시게 해 주시기를 간구합니다. 우리 모두 헐벗고 가난
한 이웃을 위해 신실하게 기도하게 하시고 그들을 도울 수 있는 지혜
와 여건을 허락하여 주시기를 소원합니다.

하나님 아버지, 기아를 근절하고 빈곤의 문제를 해결하기 위해 세상
의 많은 이들을 한마음으로 묶어 주시고, 도움이 필요한 이들을 위한

나눔과 문제의 해결을 위해 국경과 인종을 초월하여 분투하며 연합하게 하옵소서.

주님의 은혜와 축복에 감사드리며, 회복과 치유를 이루실 주님의 도우심을 신뢰하며, 예수님의 이름으로 기도합니다. 아멘.

따라 쓰는 한 줄 기도

내가 드리는 한 줄 기도

전쟁과 분열 가운데 고통받는 이들을 위한 기도

마 5:9; 시 34:14

하나님 아버지, 전쟁과 분쟁의 현장에서 고통받는 많은 이들을 위해 무거운 마음으로 주님 앞에 나옵니다.

주님, 그들을 불쌍히 여겨 주옵소서. 대립과 갈등 속에서 무방비 상태로 위험에 노출된 이들을 보호해 주옵소서. 무고한 피해를 당하는 이들이 없게 하여 주옵소서. 슬픔과 절망 가운데 있는 자들을 위로하시고 그 땅에 참 평화가 임하게 하옵소서. 모든 폭력과 증오가 사라지고, 평화를 위한 노력이 열매를 맺을 수 있도록 도와주시기를 간절히 소망합니다. *이 모든 고통 가운데 그리스도께서 감내하신 수난의 자리는 어디입니까? 우리는 어떻게 응답해야 합니까?*[37]

대립과 위기의 상황 속에서 이익을 취하거나 폭력을 정당화하고 저지르는 자들이 있다면 주님이 주님의 방법으로 해결해 주시기를 간구합니다. 정부와 지도자들이 하나님을 두려워하게 하옵소서. 힘들고 지친 이들에게 주님이 피난처가 되어 주시고 새로운 힘을 공급하여 주옵소서. 우리로 하여금 세상에 만연한 분열을 봉합하고, 아픔을 감싸안고, 상처를 치유하며 보듬게 하소서.

안전하고 평안히 살아갈 수 있도록 그들을 도우소서. 어둠이 가득한 곳에 생명의 빛을 허락하시고 척박한 땅에 생명의 샘물을 허락하옵소서. 나아가 우리가 그들에게 도움의 손길이 되게 하여 주옵소서. 상처 입은 세상을 어루만지고 따뜻하게 감싸는 사랑의 전령들이 되게 하여 주옵소서.

평화가 무너지고 있는 세상, 생명이 속절없이 유린되고 있는 세상에 생명과 평화의 씨를 심는 그런 믿음의 사람들로 변화되도록 이끌어 주소서.[38] 예수님의 이름으로 기도합니다. 아멘.

따라 쓰는 한 줄 기도

내가 드리는 한 줄 기도

자비로운 주님의 손길을 구하는 기도

이블린 언더힐(Evelyn Underhill)

주님, 우리는 당신의 자비에 의지하여

우리가 사랑하는 모든 일을 당신께 기도로 아룁니다.

우리와 관계 맺은 모든 이, 가족과 친구와

아파하는 사람과 슬픔에 빠진 사람,

곤경에 처한 사람, 죄인과 회개하는 영혼과

우리가 기억해야 하는 사람과 우리를 기억하는 사람

모두를 당신께 맡깁니다.

우리 모두를 당신 곁으로 이끄시어

친밀한 교제를 나누게 하소서.

주 예수 그리스도여,

자비로운 당신의 손을 펼치소서.

기도가 필요한 모든 이를 위해 기도합니다.

그들 곁에서 그들을 보호하소서.

그들 안에서 몸과 마음을 새롭게 하소서.

그들 가운데서 그들의 생명을 지키소서.

그들 앞에서 그들을 이끄소서.

그들 뒤에서 그들의 방패가 되소서.

그들 위에서 그들에게 복을 내리소서.[39]

새라 코클리의 기도

새라 코클리(Sarah Coakley)

하늘에 계신 아버지, 우리를 불쌍히 여기소서.

당신의 아들이 고난을 받을 때 그리하듯

두려움에 떨고 있는 이들,

공포에 질린 이들,

아픈 이들,

죽음과 마주한 모든 이를 굽어살피소서.

우리 모두에게 자비를 베푸소서.

이웃에게 잔인한 행동과 부주의한 행동을 삼가도록 도와주시고

고통을 겪고 있는 이들의 고통을 덜기 위해

특별한 소명을 받아 그들과 함께하는 이들에게 힘을 주소서.

우리 한 사람 한 사람이

고통받고 있는 이들이 외치는 소리에,

그들이 무엇을 필요로 하는지에 관심을 기울이고

주 예수 그리스도를 통해

우리 자신이 거듭날 수 있도록 우리를 인도하소서.

아멘.[40]

4부   영원의 기도

노년과 믿음의___________
완성을 향한 기도

지난 한 해가 아쉬울 때, 과거의 실수를 돌아보며

빌 3:13-14; 요일 1:9

주님의 선하심이 이처럼 또 한 해 동안 나와 함께하셨으니, 굽은 광야 길을 이끌어 지나가게 하셨고, 물러설 때 도우셔서 전진하게 하셨으며, 막혔을 때 확실한 진로를 내셨습니다.[41]

올해도 주님은 신실하게 저의 발걸음에 동행해 주셨습니다. 돌아보니 주님의 손길이 미치지 않은 곳이 없었습니다. 주님의 사랑과 인도하심에 감사드립니다. 제게 기쁨의 경험을 통해 소망을 일깨워 주셨고, 위로해 주셨음에 감사합니다.

때로 어렵고 힘든 일들을 마주했고, 실수와 실패도 있었지만, 그때에도 주님은 용서하시고 새 힘을 주셨습니다. 저를 다시 일으키셔서 여기까지 인도하시고 도우신 것을 기억하며 감사합니다.

이 시간 특별히 모든 후회스러운 일들을 주님 앞에 내려놓습니다. 나태했고 성급했으며 감정을 조절하는 데 서툴렀습니다. 언어와 행동으로 셀 수 없을 만큼 많은 죄를 지었습니다. 타인을 존중하기보다 이해와 타산을 좇을 때가 있었습니다. 많은 이들의 마음에 상처를 주기도 했습니다.

죄를 자백하면 주님은 모든 불의에서 용서하고 깨끗하게 해 주겠다고 약속하셨습니다. 한 해를 돌아보며 이 시간 주님의 자비로우신 용서를 간구합니다. 내 죄를 담당하실 수 있는 주님께 제 죄를 드리오니,[42] 저의 모든 죄를 깨끗하게 씻어 주시고 용서와 회복의 주님을 의지하게 하옵소서.

지나온 날들을 돌아보며 한숨짓기보다 새로운 호흡과 함께 힘찬 발걸음을 내딛게 하시고, 어제의 영광이나 잘못에 집착하기보다 주님의 선하시고 놀라운 계획을 바라보며 소망 가운데 전진하게 하옵소서. 제 삶을 새롭게 만드시고 주님의 자녀들을 아름답고 거룩하게 사용하실 주님의 섭리를 신뢰하며 예수님의 이름으로 기도합니다. 아멘.

따라 쓰는 한 줄 기도

내가 드리는 한 줄 기도

모든 상황 속에서 주님의 지혜와 인도를 구하며

잠 2:6; 렘 33:3

사랑의 주님, 겸손한 마음으로 주님께 나와 주님의 무한한 지혜와 세밀한 인도를 구합니다. 주님께 구할 때, 우리의 흠을 찾지 아니하시고 우리의 간구를 들으실 줄 믿습니다. 우리 앞에 시시각각으로 다가오는 수많은 결정 앞에서 먼저 주님을 찾게 해 주옵소서. 주님의 거룩한 통찰로 판단하기를 소원합니다.

섭리의 주님, 우리가 계획한다 해도 모든 일을 주님이 주관하시며, 우리가 생각하는 것보다 주님의 계획이 높고 위대함을 인정합니다. 우리의 부족한 안목에 의지하기보다 먼저 주님의 음성에 귀 기울이게 하시고 주님의 도우심을 간구하게 하옵소서.

주님이 원하시는 방향을 찾을 수 있도록 지혜를 주옵소서. 우리가 걷는 발걸음에 주님의 빛을 비추시고 바르고 선한 길로 인도하옵소서. 혹여 주님이 보여 주신 길이 힘겨워 보일지라도 당당하게 따라가는 용기도 주옵소서. 성령께서 우리를 매 순간 인도하시고 길잡이가 되어 주옵소서.

주님을 향한 신뢰를 더욱 견고하게 마음에 담고, 낙담하거나 실망하지 않게 하옵소서. 무엇보다 하나님이 모든 여정에 동행하신다는 확신에 거하게 하시고 주님과 함께 걷는 기쁨 속에서 인생을 살아가게 하옵소서.

주님, 우리의 삶을 당신의 질서에 따라 고르게 하소서. 당신께서 원

하시는 일을 알려 주소서. 그 일을 어떻게 해야 하는지 가르쳐 주소서.[43]
이 모든 것을 예수 그리스도의 이름으로 기도합니다. 아멘.

아픈 환자들을 위해

사 53:4-5; 약 5:14-15

사랑과 자비의 주님, 주님은 상한 갈대를 꺾지 않으시며, 꺼져 가는 심지를 끄지 않으시는 긍휼의 하나님이심을 믿습니다. 주님은 "상심한 자들을 고치시며 그들의 상처를 싸매시는"(시 147:3) 분이십니다. 주님의 사랑에 의지하며 오늘 병마와 씨름하고 있는 환자들을 위해 간절히 기도합니다.

무엇보다 주님이 육신의 아픔을 덜어 주시기를 간구합니다. 외롭게 분투하고 있는 이에게 찾아가 주셔서 그 마음을 위로해 주시고, 두려운 마음에 소망을 부어 주옵소서. 그리하여 낙심하지 않고 오히려 주님의 은혜에 더욱 의지하게 해 주시기를 원합니다. 그의 마음에 평강이 가득하게 하옵소서.

아픈 자들을 돌보는 이들을 위로하시고 지치지 않도록 날마다 도우소서. 또한 치료를 위해 애쓰는 의료진의 손길을 붙잡아 주시고 그들에게 지혜를 허락하옵소서.

주님, 저의 기도를 들으시고 아픈 환자들의 눈물과 아픔을 헤아리시며, 궁극의 치유자 되시는 그리스도 안에서 온전히 회복시켜 주옵소서. 마지막 날에 "모든 눈물을 그 눈에서 닦아 주시니 … 아픈 것이 다시 있지 아니하리니"(계 21:4) 하신 약속을 바라보며, 환자들이 치유의 은혜와 부활의 소망을 붙들게 하옵소서. 예수 그리스도의 이름으로 기도합니다. 아멘.

따라 쓰는 한 줄 기도

내가 드리는 한 줄 기도

배우자나 친구를 돌보는 간병인을 위한 기도

사 40:29-31; 고전 15:58

사랑과 자비의 주님, 누군가의 고통을 함께 나누는 일이 얼마나 소중한 것인지요. 오늘도 아픔과 고단함을 함께 짊어지고, 힘겨운 발걸음을 걷고 있는 이들을 위해 기도합니다. 배우자나 친구를 위해 자신의 소중한 시간과 마음을 쓰는 이들의 노고를 주님이 잘 아십니다. 무엇보다 지치지 않도록 필요한 힘을 허락하옵소서.

불확실한 미래와 예기치 않은 상황으로 불안이 엄습합니다. 주님이 평안을 허락하옵소서. 정확하게 판단하고 지혜롭게 행동할 수 있도록 도와주옵소서. 작은 성취에도 감사하게 하시며, 피로와 부담 속에서도 희망의 빛을 발견하게 하옵소서.

주님, 무엇보다 그들이 몸과 마음을 건강하게 지킬 수 있도록 인도하옵소서. 이 복된 선행에 주님이 함께하시고 은혜를 베푸신다는 사실을 기억하게 하옵소서. 주님이 늘 함께하신다는 믿음으로 굳건히 견디게 하옵소서.

주님, 그들의 마음에 사랑과 인내를 새롭게 부어 주시고, 돌봄의 길에서 느끼는 외로움과 고립감을 주님의 따뜻한 위로로 감싸 주옵소서. 작은 친절과 관심이 모여 큰 회복과 평화를 이루는 도구가 됨을 알게 하시고, 자신의 헌신이 헛되지 않음을 깨닫게 하옵소서.

사랑하는 이를 돌보는 소중한 소명을 잘 감당하도록 필요한 모든 것을 공급하여 주옵소서. 주님이 주시는 평안과 기쁨이 그들의 삶 속에 충만하게 하시며, 하루하루를 은혜와 감사 속에서 살아가게 하옵소서.
예수님의 이름으로 기도합니다. 아멘.

믿지 않는 분이 임종 전 복음을 받아들이도록

요 6:37; 롬 10:13

자비로우신 주님,

우리에게 생명을 허락하시고 지금까지 인도하신 은혜에 감사합니다.

모든 소중한 생명을 주님이 귀하게 여기심을 압니다.

○○○ 님이 걸어온 모든 길, 기쁨과 고통, 이루지 못한 소원들까지도

주님은 하나하나 헤아리고 계십니다.

이제 ○○○ 님이 이 땅에서의 마지막 여정을 앞두고 있습니다.

주님의 한없는 자비로 ○○○ 님을 품어 주시고,

지치고 약한 몸과 마음을 불쌍히 여겨 주옵소서.

사랑의 주님,

○○○ 님이 마지막 순간에도

마음의 눈을 열어 주님의 사랑의 빛을 바라볼 수 있게 도와주옵소서.

주님의 부드러운 부르심을 들을 수 있는 귀를 열어 주옵소서.

마지막 숨결 속에서도 "주의 이름을 부르는 자는 구원을 받으리라"(롬 10:13) 하신

부르심의 은총을 허락하옵소서.

주님은 잃어버린 자를 찾아 구원하기 위해 오셨고,

상처 입은 자를 안아 회복시키시는 분임을 믿습니다.

○○○ 님의 마지막 순간을 결코 홀로 두지 마옵소서.

얼어붙은 마음을 주님의 따스한 사랑으로 녹여 주옵소서.

주님을 모른 채 떠나지 않도록 은혜의 손으로 붙들어 주시고

당신의 품으로 이끌어 주옵소서.

두려움을 평안으로 바꾸시고 절망 대신 하늘의 소망을 품게 하옵소서.

자비의 주님,

○○○ 님의 영혼을 온전히 주님의 손에 맡겨 드립니다.

우리의 기도가 부족하고 표현이 모자라지만,

성령께서 우리 안에서 탄식하시며 기도하심을 믿습니다.

우리가 무엇을 어떻게 구해야 할지 모를 때조차

성령께서 ○○○ 님을 위해 친히 간구하고 계심을 믿습니다(롬 8:26).

주여, 은혜를 베풀어 주옵소서.

감사와 소망을 담아 주님 앞에 간구합니다.

부활이요 생명이신 우리 주 예수 그리스도의 이름으로 기도합니다.

아멘.

따라 쓰는 한 줄 기도

내가 드리는 한 줄 기도

사랑하는 이의 죽음을 앞두고

계 21:4; 고전 13:12-13

사랑의 주님, 나의 앞날이 주의 손에 있다는 말씀(시 31:15)을 기억하며 위로를 얻습니다. 우리 인생의 주인 되신 주님이 지금까지 ○○○(사랑하는 이의 이름) 성도의 삶을 세밀하게 인도해 주시고, 걸음걸음마다 은혜로 살펴 주심에 감사드립니다.

이제 이 땅에서의 삶의 마지막을 앞둔 사랑하는 ○○○ 성도의 천국을 향한 여정에 주님이 친히 동행하여 주옵소서. 두려움이 아닌 담대함으로, 불안이 아닌 평안으로 채워 주시고, 오직 주님의 품 안에서 깊은 안식을 누리게 하옵소서.

이곳에서의 삶을 돌아보며, 주님이 생명을 주시고, 가족을 허락하시고 믿음의 공동체와 더불어 사랑을 나누며 살아오게 하심에 감사합니다. 사랑하는 ○○○ 성도의 영혼을 주님께 맡겨 드립니다. 이제 모든 수고와 눈물과 고통에서 벗어나게 하시고, 천국에서 주님과 더불어 영생을 누리게 하시며, 주님의 임재 안에서 영원히 안식하게 하소서.

이 시간 함께 자리한 우리 모두가 생명의 주인이신 주님을 기억하며, 주님이 베풀어 주신 은혜와 축복을 기억합니다. 죄의 용서와 부활과 영생의 소중한 약속을 믿사오니 이 믿음을 더욱 굳건하게 하옵소서. 유족들을 주님의 팔로 감싸안아 주시고 주님의 평안으로 위로하여 주옵소서.

그리하여 남아 있는 이들이 주님의 사랑을 마음속 깊이 담고 주님의

은총의 빛을 따라 살아가도록 인도하여 주옵소서. 예수님의 이름으로
기도합니다. 아멘.

가족을 떠나보내고 홀로 남은 삶을 받아들이며

신 31:8; 시 68: 5-6

주님, 그동안의 삶에 사랑하는 저의 가족이 얼마나 큰 선물이며 축복이었는지 깨닫습니다. 주님이 아름다운 그의 삶을 통해 많은 기쁨을 허락해 주셨음에 감사드립니다. 떠나간 이의 자리가 크게 느껴집니다. 함께 보냈던 시간과 장소들, 나눔의 기억들이 떠오르고, 그럴 때마다 마음이 아립니다. 슬픔을 이기지 못해 아픕니다.

주님, 주님의 도우심을 간구합니다. 슬픔을 없애 달라고 떼쓰지 않겠습니다. 공허함과 외로움 또한 저의 성찰을 위해 주님이 허락하신 마음이라고 믿습니다. 제 마음의 빈자리를 주님의 사랑으로 채워 주시기를 원합니다. 저를 이 땅에 남기신 이유를 생각하며, 주님이 원하시는 삶을 살 수 있도록 도우소서.

그와 함께 걸어갔던 걸음마다 담긴 주님의 동행의 은총을 잊지 않게 하시고, 앞으로의 여정을 주님께 의지하며 소망 가운데 걸어가게 하옵소서. 남겨진 시간을 허투루 보내지 않고, 주님의 소명을 이루기 위해 사용하도록 지혜와 부지런함을 허락하옵소서.

천국에서 다시 만날 그날을 꿈꾸며, 이 땅에서의 삶에 부끄러움이나 아쉬움이 남지 않도록 주님이 도우시고 인도하옵소서. 주님이 허락하신 생명으로 오늘도 감사하며, 하루하루 제 부족함을 채우며 주님의 장성한 분량까지 성장하게 하여 주옵소서.

모든 시간 속에서 주님이 주인이 되어 주시고, 저의 모든 생각 속에

주님의 선하신 뜻을 채워 주시고, 제가 하는 모든 일을 통해 주님께 영
광을 돌리게 하옵소서. 예수님의 이름으로 기도합니다. 아멘.

사별한 친구를 위해

마 5:4; 요 14:1-3

상실의 아픔으로 깊은 슬픔 가운데 있는 사랑하는 친구를 위해 기도합니다. 사랑하는 남편(아내)을 잃고 고통의 시간을 보내고 있습니다. 마음이 무겁고 괴롭지만, 주님을 온전히 신뢰하며 겸손히 주님의 도우심을 구합니다. 주님의 위로와 평강이 친구에게 가득하기를 기도합니다.

사랑의 하나님, 주님이 그의 아픔과 공허함을 잘 알고 계십니다. 주님이 이 힘겨운 순간에도 함께하고 계심을 알게 해 주옵소서. 그를 주님의 영원하신 팔로 안아 주옵소서. 떠나감을 아쉬워하고 슬퍼하되 마음의 고통과 불안을 주님께 맡기고 주님 안에서 애통하게 하옵소서.

지금은 사방이 어둡게 느껴지겠지만 어둠 너머에서 주님이 변함없이 환히 비추고 계신 빛을 바라보게 해 주옵소서. 주님의 도우심 가운데 슬픔을 극복하고 아픔을 치유할 수 있기를 간절히 소망합니다. 회복으로 가는 축복의 여정 속에서 주님과 깊이 교제하게 하옵소서.

우리 인생의 유한함을 다시 한 번 깨닫습니다. 누구도 죽음을 피할 수 없다는 사실 앞에 겸손하게 하옵소서. 아침 안개와 같은 짧고 허무한 인생을 살지만, 영원하신 주님과 하늘나라를 소망하며 영생 안에서 재회하는 믿음을 갖게 해 주옵소서.

주님, 그동안 남편(아내)과 더불어 지낸 소중한 시간과 그 속에 켜켜이 담긴 추억들을 통해, 그의 인생 가운데 함께하신 주님의 인도하심을 발견하게 하옵소서. 주님의 임재 가운데 기쁨을 회복하게 하옵소서. 앞으로 살아가는 날 동안 주님께 온전히 의지하며 주님이 원하시는 복되고 귀한 삶을 살아갈 수 있도록 늘 보살펴 주옵소서.

이제 우리의 형제(자매, 친구)를 떠나보내니, 지금 이곳에 함께 모인 우리를 굽어살피시고 우리의 기도를 들어 주소서. 두려움과 슬픔을 당신의 평화 속으로 가져가 주소서. 떠나간 이에 대한, 또 우리 자신에 대한 우리의 모든 상념이 그와 우리를 향한 당신의 선한 뜻에 대한 깨달음으로 이어지게 하소서. 우리를 가르쳐 우리 역시 죽을 수밖에 없는 존재임을 기억하게 하시고, 헛되지 않을 소망 가운데 감사하며 살아가게 하소서.[44]

예수님의 이름으로 기도합니다. 아멘.

장례 예식을 위한 기도

요 11:25-26; 고전 15:54-55

자비로우신 하나님, 그리스도 예수 안에서 썩지 않을 영원의 소망을 허락하신 주님, 그 크신 은혜를 기억하며 감사드립니다.

오늘 우리는 사랑하는 ○○○ 님의 삶을 주님 앞에 올려 드립니다. ○○○ 님이 우리에게 남겨 준 따뜻한 사랑과 선물처럼 건네주었던 수많은 기억을 떠올리며 감사드립니다. 그 여정의 작은 걸음 하나하나마다 스며 있던 주님의 은혜를 기억합니다.

생명의 주관자이신 주님, ○○○ 님의 눈물과 기쁨, 고단함과 소망, 그 모든 시간이 주님의 손길 아래 있었음을 고백하며 감사드립니다. 이제 ○○○ 님이 주님의 품에 안겨 영원한 안식을 누리고 있음을 믿습니다. 주님의 평안이 그의 영혼을 감싸 주옵소서.

사랑의 주님, 연약한 우리는 여전히 이별 앞에서 깊은 슬픔을 느끼며 무거운 마음으로 주님의 도우심을 구합니다. 위로의 하나님, 눈물짓는 가족들을 주님의 넉넉한 품에 감싸안아 주옵소서.

모든 눈물을 닦아 주시는 주님, 남아 있는 우리에게 오늘의 아픔을 견딜 힘을 주시고, 주님의 사랑이 결코 우리를 떠나지 않는다는 확신을 갖게 하옵소서. 두려움과 슬픔이 머무는 그 자리마다 용기와 위로의 숨결을 불어넣어 주옵소서. 죽음이 끝이 아님을, 부활의 주님이 어둠을 이기고 살아나셨음을 이 자리에 모인 우리 모두의 마음 깊이 새겨 주옵소서.

주님, 우리가 죽음을 두려움 속에 외면하지 않게 하시고 영원을 향한 문지방으로 여기며 담대히 바라보게 하옵소서. 주님께 속한 모든 이가 새 하늘과 새 땅에서 부활의 생명으로 다시 일어날 그날을 꿈꾸게 하옵소서. 다시 만날 그날, 주님의 약속이 참됨을 눈으로 확인하게 될 때까지 남은 시간 속에서 우리가 어떠한 마음으로 살아가야 할지 날마다 가르쳐 주옵소서.

우리의 인생이 주님의 손에 있음을 고백하며 주님의 거룩한 부르심 앞에서 경건한 긴장을 잃지 않게 하시고, 소망을 붙잡고 인내하는 삶으로 우리를 세워 주옵소서. 언젠가 주님 앞에 서는 그 순간을 바라보며 오늘을 충실히 살아가게 하옵소서. 부활하신 주님, 우리의 소망이신 예수 그리스도의 이름으로 기도합니다. 아멘.

따라 쓰는 한 줄 기도

내가 드리는 한 줄 기도

추모 예식을 위한 기도

고후 1:3-4; 롬 8:38-39

주님, 우리보다 먼저 주님의 나라에 간 우리 믿음의 조상들을 생각합니다. 그들을 이 땅에 보내시고 거룩하게 주님의 뜻을 이루도록 도우신 주님의 섭리를 찬양합니다. 그들의 삶에서 주님의 뜻을 이루기 위해 애쓴 흔적을 보며 우리도 그와 같은 겸손과 열심을 갖게 하옵소서.

많은 이들의 삶을 통해 우리 자신을 돌아보며 우리의 삶이 결코 무심코 지나가는 허망한 것이 되지 않고 아름답고 복된 삶이 될 수 있도록 새로운 결심을 하게 하옵소서.

주님, 아침 안개와 같이 우리의 인생이 짧습니다. 하나님의 말씀처럼 모든 육체가 풀과 같고 그 모든 영광이 풀의 꽃과 같습니다. 한순간에 마르고 시들고 사라질 존재들임을 잘 알면서도 영원히 살 것처럼 행동하기도 합니다. 여기 모인 우리 모두를 불쌍히 여기시고 주님의 사랑으로 우리의 교만을 용서하여 주옵소서. 이 땅에 살면서 우리의 인생이 주님이 주신 아름다운 선물임을 기억하게 하옵소서.

선한 일을 도모하는 데 게으르지 않게 하시고 하루하루 하나님의 영광이 우리의 입술과 손과 발을 통해 드러나게 해 주옵소서. 하나님의 사랑으로 이웃을 품고, 주님의 마음을 담아 하나님의 뜻을 전하는 우리 모두가 되기를 소망합니다. 주님의 사랑과 은혜로 서로를 위로하며, 주님의 나라에서 다시 만날 소망을 품고 살아가게 하소서. 예수님의 이름으로 기도합니다. 아멘.

오늘 우리는 사랑하는 ○○○ 님을 기억하며 이 자리에 모였습니다. 그의 삶 속에서 나누었던 웃음과 사랑, 선함과 성실함을 떠올리며 감사와 그리움의 마음을 함께 나눕니다.

우리 마음속에 여전히 슬픔과 아픔과 아쉬움이 남아 있습니다. 무엇보다 우리 모두를 위로하여 주옵소서. 지금 느끼는 상실의 마음을 조금씩 평안함으로 바꾸어 갈 수 있도록 우리 모두를 도와주옵소서.

○○○ 님이 우리와 함께한 시간과 기억이 아름답게 남기를 원합니다. 좋은 기억들이 우리가 살아가는 데 활력이 되게 하시고, 그의 삶을 기리며, 우리도 서로를 소중히 여기고 사랑으로 살아가게 하옵소서.

무엇보다 인생의 덧없음과 유한함을 잊지 않게 하옵소서. 누구나 맞이하는 죽음을 염두에 두고, 하나님 앞에 겸손하며, 우리에게 생명을 허락하신 이의 뜻을 생각하게 하옵소서.

오늘의 이 자리가, 기억하며 감사하고, 주님의 뜻을 헤아리는 복된 시간이 되기를 소망합니다. 예수님의 이름으로 기도합니다. 아멘.

따라 쓰는 한 줄 기도

내가 드리는 한 줄 기도

타락한 세상에서 그리스도인으로 살기 위해

롬 12:2; 요 12:16

하나님 아버지, 이 세상에 만연한 불의와 악, 차별과 편견이 우리를 슬프게 하고 좌절하게 만듭니다. 인간의 탐욕이 얼마나 더러우며, 인간의 폭력이 얼마나 잔인한지 곳곳에서 목격합니다.

정의와 진리의 하나님, 이 땅을 치유하시고 바른길로 인도하여 주옵소서. 불의가 정의를, 어둠이 빛을 이길 수 없음을 알기에 이 시간 주님께 소망을 두고 간절히 기도합니다. 주님의 빛으로 이 세상을 밝혀 주옵소서. 주님이 바로잡아 주시고 회복시켜 주실 것을 신뢰하게 하시고 그 믿음 가운데 당당하게 생명의 복음을 선포하게 해 주옵소서.

세상의 어둠이 짙다 하여 쉬이 낙망하거나 좌절하지 않게 하시고, 진리와 정의를 선포하기에 주저함이 없게 하옵소서. 불의에 관여하지 않을뿐더러 불의와 아무 상관이 없기를 기도합니다.[45] 주님이 가신 길을 온전히 따라가는 신실한 제자가 되어 주님이 원하시는 삶을 살게 해 주옵소서.

주여! 성령으로 깨달아 힘을 얻어 당신처럼 느끼고 생각하고 행동하게 하소서.[46]

우리가 우리의 행실로 주님의 밝은 빛을 전하게 하옵소서. 우리를 거룩한 변화의 도구로 삼으사 우리를 통해 주님의 나라를 이 땅에 이루시기를 간구합니다. 예수님의 이름으로 기도합니다. 아멘.

따라 쓰는 한 줄 기도

내가 드리는 한 줄 기도

공정한 재판이 이루어지도록

신 16:19; 미 6:8

의로우신 하나님, 주님은 공평과 정의의 하나님이심을 이 시간 고백합니다. "공의로 사람을 재판할지며"(레 19:15)라고 하신 말씀을 기억합니다. 주님이 원하시는 것이 진실과 정의임을 알기에 이 시간 주님께 세상의 재판을 올려 드립니다.

재판을 맡은 이들과 수사와 변호를 담당한 이들을 위해 기도합니다. 누구나 실수할 수 있음을 인정하고, 겸손한 마음으로 맡은 일을 성실하게 감당하게 하옵소서.

그들에게 공정한 판단을 내리는 데 필요한 지혜와 분별력을 허락하옵소서. 혹여 사적인 이익을 위해 판단하거나, 왜곡된 저울로 결정하는 일이 없게 하옵소서. 오직 진실이 기준이 되고 정의의 실현이 목적이 되게 하옵소서. 그들이 내리는 결정으로 인하여 부당한 자가 마땅히 벌을 받고, 억울한 피해를 당하는 이들이 없게 하옵소서. 모든 재판 과정에서 하나님의 공의가 드러나게 하옵소서.

재판을 받는 이들과 증인으로 출석하는 이들이 주님과 사람들 앞에서 거짓되지 않도록 정직한 영과 용기를 부어 주옵소서. 정의를 훼손하지 않고 다른 이들의 삶에 손해를 끼치지 않도록 그들의 입술과 마음을 주장하여 주옵소서.

주님, 재판 과정에서 서로의 인격과 권리가 존중받고, 진실이 드러나며 정의가 온전히 세워지도록 함께해 주옵소서. 재판과 관련된 모든 이가 주님의 공의와 선하심을 판단의 기준으로 삼게 하옵소서. 그리하여 이 과정을 통해 모든 이가 주님의 기대를 깨닫고, 마음속에 진실과 정직을 새기게 하옵소서. 예수님의 이름으로 기도합니다. 아멘.

따라 쓰는 한 줄 기도

내가 드리는 한 줄 기도

나라와 위정자들을 위한 기도

딤전 2:1-2; 잠 21:1

사랑의 주님, 겸손한 마음으로 주님 앞으로 나와 우리나라를 위한 주님의 지혜와 인도하심을 구합니다. 주님의 보호하심과 도우심으로 번영을 이루고 평화를 누리고 있음에 감사드립니다. 조국을 위해 눈물로 기도하고 마음을 다해 헌신했던 믿음의 선조들을 허락하심에 또한 감사합니다.

주님, 우리가 살고 있는 이 땅에 여전히 아픔과 고통이 있습니다. 남북의 분단, 빈부격차, 분열로 인한 상처, 미래에 대한 불안 같은 수많은 난제를 여전히 안고 있습니다. 주님의 도우심 가운데 이 모든 문제가 해결되기를 간절히 소망합니다.

막힌 담을 허시는 주님, 희생과 용서로 마음의 벽을 무너뜨리시는 주님, 세상이 줄 수 없는 참된 평안을 허락하시는 주님의 역사를 신뢰하고 의지합니다. 우리의 힘으로 할 수 없으니, 주님이 도우소서.

주님, 권위와 책임을 맡은 이 땅의 지도자들을 위해 간절히 기도합니다. 그들에게 사람을 지배하려는 교만이나 자기 이익을 추구하는 욕심이 아닌, 모든 이를 섬기려는 순수한 열정과 따뜻한 연민의 마음을 허락하여 주옵소서.

나라를 이끌어 가는 길이 결코 쉽지 않음을 알기에, 주님이 그들에게 지혜와 식견을 넉넉히 부어 주시고, 바른길을 분별할 수 있는 영적인 통찰력을 주옵소서. 청렴과 겸손으로 자신을 절제하며, 정직과 공의로 국민을 섬기는 지도자들이 되게 하옵소서.

무엇보다 하나님의 뜻을 따르는 지도자들이 되게 하여 주옵소서. 권세가 아니라 섬김을, 이익이 아니라 희생을 선택하게 하시며, 모든 결정을 내릴 때 사람을 섬기고 살리는 참된 소망을 품게 하옵소서.

주님, 이 나라와 백성을 다스리시는 분은 오직 주님이심을 고백합니다. 그러므로 지도자들을 주님의 손에 의탁하오니, 주님의 뜻 가운데 굳게 세워 주시고, 정의와 평화가 강물처럼 흐르는 나라가 되게 하옵소서. 예수님의 이름으로 기도합니다. 아멘.

따라 쓰는 한 줄 기도

내가 드리는 한 줄 기도

하나님의 창조 세계의 회복을 위해

창 2:15; 시 24:1

하늘과 땅의 창조주이신 하나님 아버지, 이 세계의 아름다움과 위엄과 존귀함으로 인하여 주님을 찬양합니다. 주님, 주님이 창조하신 피조 세계가 기후의 위기로 신음하고 있습니다. 이 세계를 긍휼히 여겨 주옵소서. 인류에게 닥친 환경의 급격한 변화가 결국 우리가 만든 것임을 깨달아 알게 하옵소서.

주님이 우리에게 이 세상을 돌보는 일을 맡기셨는데, 그 소명에 충실하지 못하였습니다. 저의 작은 행동이 세상과 이웃에게 영향을 끼칠 수 있음을 잊지 않게 해 주옵소서. 저의 잘못된 생활 방식을 엄중하게 돌아보고 과감하게 바꾸게 하옵소서. 그동안의 무분별함을 용서하시고 이제부터라도 제 손과 발을 사용하여 아름다운 창조 세계를 지키고 보존하게 하옵소서.

무엇보다 이 위기의 심각성을 깨달아 제가 해야 할 바를 찾고 실천하도록 저를 인도하여 주옵소서. 세상 위에 군림하려는 못된 욕심을 버리고 주님의 마음을 닮아 들풀 하나, 나무 한 그루를 소중히 여기게 하옵소서. 창조 세계를 아름답게 가꾸는 청지기로서의 사명을 성실하게 감당하도록 우리 모두를 인도하여 주옵소서.

　사랑의 주님, 이상 기후로 인해 어려움에 부닥친 이웃들을 돌보게 하시고, 재난을 사전에 예방할 수 있도록 최선의 노력을 기울이게 하옵소서. 언제 어디서나 하나님의 자녀답게, 선한 청지기로 살도록 도와주옵소서. 예수님의 이름으로 기도합니다. 아멘.

다음 세대의 믿음을 위해

시 119:9; 마 19:14

주님, 오늘 이 시간, 축복의 선물로 허락하신 주님의 소중한 청소년들과 어린이들로 인해 주님께 감사와 찬양을 드립니다. 우리 아이들을 주님의 손에 맡기며 기도합니다.

그들의 마음과 생각을 주님의 사랑으로 감싸 주시고, 믿음 안에서 바르게 성장하도록 날마다 도우소서. 어디를 가든지, 무엇을 하든지 주님을 신뢰하며 나아가게 하시고, 그 발걸음을 주님이 인도하여 주옵소서(잠 3:5-6).

주님, 유혹과 위험이 다가오며 위협하지만, 두려움에 떨지 않고 담대하게 살아갈 수 있도록 도와주옵소서. 주님의 말씀을 기준으로 올바른 선택을 할 수 있도록 지혜와 분별력을 허락하여 주옵소서. 친구들과의 관계 속에서 사랑과 존중을 배우고, 주님의 마음을 닮아 서로를 격려하며 세워 가는 삶을 살게 하옵소서.

교회가 청소년들과 어린이들에게 아름다운 관계와 배움의 터전으로 든든히 서게 하옵소서. 하나님의 말씀을 기쁨으로 받아들이고, 기도와 찬양을 통해 주님과 친밀한 관계를 맺게 하시며, 주님의 성령께서 그들의 삶 속에서 안내자가 되어 주옵소서.

주님 안에서 한 가족이 되었음을 기억하고, 저로 하여금 아이들을 늘 마음에 품고 기도하게 하옵소서. 혹여 어려운 환경에 놓여 있는 아이들이 있다면 주님이 말씀을 붙들고 성장할 수 있도록 도우시며, 저도 기꺼이 돌보게 하옵소서. 그들이 걸어가는 발걸음이 외롭거나 지치지 않도록 저의 등을 내어 주고, 그들의 짐을 대신 지는 믿음의 가족이 되게 하옵소서.

주님, 그들의 삶이 주님을 드러내는 통로가 되게 하시며, 믿음 안에서 성장하며 복음을 알리는 삶이 되도록 지켜 주옵소서. 예수님의 이름으로 기도합니다. 아멘.

따라 쓰는 한 줄 기도

내가 드리는 한 줄 기도

참된 휴식이 필요할 때

살후 3:16; 눅 5:16

온 땅을 창조하시고 안식하신 사랑하는 하나님, 주님은 쉼이 필요함을 몸소 보여 주셨습니다. 속도를 늦추는 시간, 하나님께 가까이 나아가는 시간, 하나님이 하시는 말씀을 귀담아듣는 시간, 무서운 생각들과 무거운 고민과 지친 몸을 가져가시고 저에게 쉼을 허락해 주시옵소서.[47]

하나님, 지친 몸으로 당신 앞에 나왔습니다. 복잡하고 힘겨운 상황들로 인해 마음이 몹시 괴롭습니다. 때로 혼란스럽고 감정이 요동치기도 합니다. 주님이 허락하시는 평안과 안식을 구합니다. 주님, 당신은 나의 피난처시요 힘이시며, 환난 중에 만날 큰 도움이십니다(시 46:1). 제 불안한 마음을 진정시켜 주시고 상처를 치유해 주시기를 간구합니다.

예수님이 "수고하고 무거운 짐 진 자들아 다 내게로 오라 내가 너희를 쉬게 하리라"(마 11:28)라고 말씀하신 것을 기억합니다. 주님의 약속에 의지합니다. 제게 필요한 안식을 허락해 주옵소서. 복된 휴식을 통해 매 순간 주님이 함께하고 계심을 다시 한 번 깨닫게 하옵소서. 주님의 참된 위로를 통해 회복의 기쁨을 맛보게 하시며 고갈된 영혼에 생명의 기운을 불어넣어 주옵소서.

성령님, 모든 지각을 뛰어넘는 평강으로 저를 안아 주옵소서. 제 생각을 내려놓고 잠잠히 주님의 임재를 기다립니다. 평온함 가운데 저 자신을 돌아보기 원합니다. 고요함 가운데 주님의 섭리를 깨닫기 원합니다. 안식 가운데 깊은 성찰이 있게 하시고, 주님께로 더 가까이 다가가는 기회가 되게 하여 주옵소서.[48]

제가 반드시 붙잡아야 할 것과 과감하게 놓아야 할 것을 알려 주옵소서. 다시 일상으로 돌아가 제게 맡겨진 일들을 수행할 지혜와 능력을 공급하여 주옵소서. 주님, 날마다 저의 몸과 마음과 영혼을 새롭게 하시고 온전하게 해 주옵소서. 예수님의 이름으로 기도합니다. 아멘.

따라 쓰는 한 줄 기도

내가 드리는 한 줄 기도

치매로 기억이 희미해질 때 드리는 기도

시 139:1-2; 사 49:15-16

아버지 하나님, 감사합니다. 제가 오늘 기도할 수 있다는 사실이 얼마나 복된 일인지 잘 몰랐습니다. 익숙했던 것들이 낯설어지고, 분명했던 것들이 희미해집니다. 저를 대하는 가족들의 시선에서 염려와 불안이 느껴집니다. 이 기억 또한 잊힐까 봐 두렵습니다.

정말 걱정되는 것은, 제 마음속에서 사랑하는 이들과의 추억이 지워지는 것입니다. 제 머릿속에서 고마운 이들의 이름이 없어질까 안타깝습니다. 그러나 저는 믿습니다. 저의 기억들이 지워져 가더라도 주님은 결코 저를 잊지 않고 기억하고 계심을 확신합니다. 주님이 주님의 자녀를 사랑하시고 절대로 포기하지 않으신다는 사실을 믿습니다.

지금은 모든 것이 흐릿하지만, 온전하게 알게 될 날이 올 것을 믿음과 소망 가운데 기대합니다(고전 13:12). 그날에, 그리운 이들의 얼굴과 이름을 모두 떠올리며 감격할 것입니다. 그들과 함께 나눈 이야기들, 기쁨과 슬픔의 사소한 조각들도 다 생생하게 살아날 것입니다.

주님, 사실 저 자신을 잊을까, 혹여 저를 돌보는 이들에게 불편을 주지 않을까 염려됩니다. 주님, 저를 불쌍히 여기소서. 주님이시여, 저의 이름을 기억하여 주소서. 주님의 손바닥에 저를 새겨 주옵소서(사 49:16). 저의 몸과 마음이 더 약해진다 해도 주님을 향한 저의 믿음이 사라지지 않게 하옵소서.

제게 남은 기억과 시간을 주님께 의탁합니다. 저를 돌보는 모든 이를 주님이 위로하시고 축복하여 주옵소서. 예수님의 이름으로 기도합니다. 아멘.

따라 쓰는 한 줄 기도

내가 드리는 한 줄 기도

요양병원이나 병상에서 드리는 기도

사 41:10; 시 23:4

주님, 익숙한 환경을 떠나 병상에서 주님께 기도합니다. 육신이 날로 쇠약해지고 있음을 느낍니다. 비록 연약하지만, 주님이 지금까지 도우시고 인도하신 것을 기억하며 감사합니다. 회복에 대한 소망을 품고 간구합니다. 병상에서 일어나 일상으로 돌아가기를 소망합니다.

그러나 만약 주님이 부르신다면, 담대하게 주님의 곁으로 갈 수 있는 용기도 허락하옵소서. 우리의 인생은 잠깐이요, 영원한 주님의 나라가 기다리고 있음을 알기에 소망을 품고 기도합니다.

여전히 제게 주님이 하기 원하시는 일이 있다면, 저에게 알려 주시고 깨닫게 하옵소서. 주님을 따라가는 삶의 존엄과 귀함을 알게 하시고, 주님이 맡기신 일을 끝까지 포기하지 않고 붙잡게 하옵소서.[49]

병마와 낙심의 그늘에서 벗어나 믿음 안에서 밝고 평안하게 이곳에서 지내게 하옵소서. 인생의 여정에 주님이 동행이 되어 주셨고, 인도하셨음을 고백합니다. 주님이 지금까지 허락하신 은혜의 선물을 생각하게 하옵소서. 오늘도 주님이 제게 부탁하신 기도의 거룩한 책임을 소홀히 여기지 않게 하옵소서. 이곳에서 남기는 삶의 흔적에 주님의 사랑과 축복이 담기게 하옵소서.

　예수여, 손을 얹어 저를 축복하소서. 예수여, 팔을 벌려 저를 안아 주소서. 예수여, 당신의 발자국으로 저를 인도하소서. 예수여, 당신의 몸으로 저를 먹이소서. 예수여, 당신의 피로 제게 힘을 주소서.[50]

　예수님의 이름으로 기도합니다. 아멘.

따라 쓰는 한 줄 기도

내가 드리는 한 줄 기도

자신을 온전히 내려놓을 수 있도록

마 16:24; 갈 2:20

주 예수여, 당신께서는 영원한 영광을 내려놓고 우리를 향한 사랑으로 어린아이가 되셨습니다. 이제 우리도 우리 자신을 온전히 내려놓게 도우소서.[51]

사랑의 하나님, 저에게는 아직도 우상이 있습니다. 제가 섬기는 우상은 저의 알량한 자아입니다. 허구적인 자아를 유지하고 보존해 보려고 무척 애를 쓸 때가 있습니다.[52]

자비로우신 하나님 아버지, "아무것도 염려하지 말고 다만 모든 일에 기도와 간구로, 너희 구할 것을 감사함으로 하나님께 아뢰라"(빌 4:6)라는 말씀을 기억합니다.

주님의 은혜 앞에 나와 고백합니다. 주님께 의지하지 않고 저 자신의 생각에 사로잡혀 있었습니다. 저의 욕심 때문에 무너지고, 집착으로 인하여 힘겨웠습니다. 모든 염려와 두려움을 주님 앞에 내려놓습니다. 온전히 주님의 도우심을 구합니다.

제 생각보다 크신 주님의 계획을 인정하게 하시고, 제 힘보다 강하신 주님의 능력을 의지하게 하옵소서. 저 자신을 비우고 주님의 은혜로 채우소서. 주님만이 소망이 되게 하옵소서.

주님, 제 마음속 깊이 자리한 불안과 근심, 자신에 대한 실망까지 주님께 내려놓습니다. 끝까지 저를 놓지 않으시는 주님의 사랑에 의지합니다. 저의 삶이 주님의 손에 온전히 맡겨지고, 비움과 내려놓음 가운

데 참된 자유와 평안과 기쁨을 누리게 하소서. 또한 이 비움의 과정에
서 주님의 뜻을 분별하며, 주님이 예비하신 축복과 은혜를 온전히 받
아 누리게 하옵소서.

제가 걷는 모든 길에서 주님의 영광이 드러나고, 머무는 모든 자리
마다 주님의 사랑이 따뜻한 흔적으로 남게 하옵소서. 예수님의 이름으
로 기도합니다. 아멘.

따라 쓰는 한 줄 기도

내가 드리는 한 줄 기도

주님 품으로 돌아갈 준비를 하며

시 73:26; 요 14:1-3

삶과 죽음을 주관하시는 주님, 당신 안에 우리의 삶이, 우리의 생명이 있음을 알게 하셔서 죽음에 대한 두려움에서 우리를 자유케 하소서. 십자가에 달리신 그리스도를 통해 우리의 죽음 역시 죽었으니 그분이 부활하셨듯 우리 또한 생명으로 일어나게 하소서.[53]

사랑의 주님, 제게 생명을 주시고 지금까지 지켜 주시고 인도해 주심에 감사드립니다. 영원한 구원을 선물로 주심을 감사드립니다. 부활이요 생명이신 주님, "나를 믿는 자는 죽어도 살겠고 무릇 살아서 나를 믿는 자는 영원히 죽지 아니하리니"(요 11:25-26)라는 주님의 말씀을 믿습니다. 주님이 죽으시고, 무덤에서 살아나셨으며, 산 자와 죽은 자를 심판하러 오심을 믿습니다. 저의 영혼을 주님께 맡깁니다.

주님, 주님을 직접 마주할 것을 기대하며 기쁨으로 기다리게 하옵소서. 그동안 저의 연약함과 악함으로 인하여 지은 모든 죄를 주님의 사랑으로 용서하여 주옵소서. 모든 불의에서 깨끗하게 하시고, 주님을 만나기에 부족함이 없도록 거룩하게 씻어 주옵소서.

저의 잘못으로 인해 고통을 당했거나, 불편을 겪은 이들이 있다면 회복과 평안의 은총을 베풀어 주시고, 제 이름이 아닌 주님과 동행했던 아름다운 흔적만 이 땅에 남게 하소서. 그리하여 많은 이들이 주님의 사랑과 축복의 위대함을 기억하고 증언하게 하여 주옵소서.

이 땅에 남아 있는 이들을 도우시고 한없는 은혜를 부어 주옵소서.

잠깐 지나가는 이 땅에서의 삶에 연연하지 말고, 영원을 마음에 담고, 하나님의 나라를 꿈꾸고 이루며 살아가게 하옵소서.

사랑의 주님, 죽음이 끝이 아님을 믿습니다. 이제 영원한 나라로 가서 주님의 밝은 빛 앞에 서기를 소망 가운데 기다립니다. 주여, 주님의 영원한 품에 안길 때까지, 그 여정에도 함께하옵소서. 영원한 사랑의 주님, 제가 당신의 십자가를 품습니다. 제게 자비를 베푸소서. 저를 당신 사랑 안에 받아 주소서.[54]

예수님의 이름으로 기도합니다. 아멘.

따라 쓰는 한 줄 기도

내가 드리는 한 줄 기도

오늘의 생명을

최요섭

우리에게 날마다 생명을 주심을 감사합니다.

덤으로 하루씩, 은혜로 하루씩 보태 주시는 이 목숨,

감사함으로 사용하게 하소서.

주께서 기다려 주시는 동안

회개하여 돌이키게 하시고

팔다리 성할 때 힘껏 사랑하게 하시고

기회 주실 때 얼른 대답하고 이웃을 섬기게 하시며

눈과 귀가 성한 동안 주의 말씀을 사모하게 하소서.

오늘의 생명을

높은 가을 하늘처럼 보다 높이 바라보게 하시고

붉은 단풍처럼 열정적으로 나를 불태우게 하시고

떨어져 묻히는 잎새들처럼

아낌없이 소리 없이 묻히게 하소서.

주께서 내 이름 부르시는 날이

가까워 옴을 느끼면서

오늘도 주신 생명

소중하게 쓰게 하소서.[55]

영원한 교제를 간구하며

토마스 아 켐피스(Thomas à Kempis)

주님, 우리가 당신을 찾게 하소서.

당신께 마음을 활짝 열고

우리 영혼이 당신으로 인해 기쁨에 젖어들게 하소서.

선한 주님, 당신과 우리가 속삭일 때

우리는 연인처럼, 오랜 벗처럼 이야기를 나눕니다.

우리가 주님 곁으로 다가가

당신 안에서, 당신과 하나 되게 하소서.

그리하여 우리 자신을 온전히 잊어버리기 원합니다.

당신께서 우리와 함께, 우리가 당신과 함께 있어

언제나 서로에게 머무르기를,

영원히 하나를 이루어 살기를 기도합니다.[56]

5부 _______ 절기의 기도

교회력에 따라 드리는＿＿＿＿＿기도

대림절에 드리는 기도

사 9:2; 롬 13:12

주님, 이 좋은 계절로 우리를 부르심에 감사드립니다. 절망에 빠진 이 세상에 소망의 기쁜 소식으로 오실 주님을 찬양합니다. 시므온과 안나처럼 잠잠히 엎드려 주님의 임재를 기다리기 원합니다. 이곳에 오셔서 우리의 상처를 만지시고 지친 영혼을 위로하여 주옵소서.

주님, 우리의 기대와 소망을 채우시는 이 대림절에, 잠시 멈추어 주님의 음성을 듣게 하시고, 바쁘고 분주한 삶 속에서도 마음을 열어 예배하게 하옵소서. 모든 준비와 기다림 속에서 주님의 뜻을 분별하며, 겸손과 감사로 주님께 나아가게 하옵소서.

어둠을 밝히는 빛으로 오신 우리 주 예수 그리스도의 은혜와, 그 빛을 우리에게 선물로 주신 하나님의 사랑과, 지금도 우리의 발걸음을 그 빛으로 비추시는 성령님의 인도하심이 대림절을 맞는 모든 이에게 함께하기를 간구합니다. 우리의 눈과 마음이 주님의 빛을 따라 밝아지고, 소망과 기쁨으로 충만하게 하옵소서.

주님, 이 기다림의 시간 가운데 우리를 성숙하게 하시며, 주님의 오심을 기쁨으로 맞이할 수 있도록 마음을 맑게 하여 주옵소서. 우리의 삶과 가정, 공동체가 주님의 빛 안에서 회복과 화평을 경험하게 하시며, 사랑과 섬김으로 서로를 격려하게 하옵소서.

우리의 기대와 기다림이 단순한 시간이 아니라, 주님의 은혜와 구원의 길을 깊이 묵상하는 거룩한 시간이 되게 하옵소서. 사랑과 평화의 왕으로 오시는 주님, 생명을 살리고 화해를 도모하는 일에 무디거나 나태하지 않도록 우리를 도우소서.

사랑의 주님, 우리를 깨우소서. 그리하여 당신의 아들이 오실 때, 우리가 기쁨으로 맞이하고 정결한 마음으로 당신을 섬길 수 있게 하소서. 당신의 아들, 우리 주 예수 그리스도의 이름으로 기도합니다. 아멘.[57]

따라 쓰는 한 줄 기도

내가 드리는 한 줄 기도

대림절/성탄절을 위한 공동 기도

사 9:6; 눅 2:10-11

인도자 주님이 이 땅에 오심을 기억하며, 감사의 기도를 드립니다.

다 함께 기쁨과 기대의 시간으로 우리를 초대하심에 감사드립니다.

인도자 일상이 흔들리고 혼돈 가운데 있는 세상을 위해 기도합니다.
주님의 진리의 빛을 비춰 주소서.

다 함께 주여, 우리의 기도를 들어 주소서.

인도자 삶의 아픔을 견디는 이들, 내면의 공허로 인해 방황하고 있는
이들에게 회복의 빛을 비춰 주소서.

다 함께 주여, 우리의 기도를 들어 주소서.

인도자 전쟁으로 인해 고통 속에 있는 이들과 굶주리는 형제자매들
에게 주님의 긍휼의 빛을 비춰 주소서.

다 함께 주여, 우리의 기도를 들어 주소서.

인도자 한국 교회가 어둠 가운데 빛을 발하게 하시고 교회를 통해 이
땅의 많은 이들에게 소망의 빛을 비춰 주소서.

다 함께 주여, 우리의 기도를 들어 주소서.

인도자   주님의 마음을 품어 이웃의 슬픔을 내 것으로 여기고, 그들을
          우리의 손과 발로 도울 수 있도록 사랑의 빛을 비춰 주소서.
다 함께   주여, 우리의 기도를 들어 주소서.

인도자   성탄의 기적을 품고 세상으로 나아갑니다. 이 땅을 변화시키
          는 여정에 주님이 동행하여 주소서.
다 함께   주여, 우리의 기도를 들어 주소서. 예수님의 이름으로 기도합
          니다. 아멘.

따라 쓰는 한 줄 기도

내가 드리는 한 줄 기도

성탄절 아침 기도

마 1:23; 눅 2:14

"지극히 높은 곳에서는 하나님께 영광이요 땅에서는 하나님이 기뻐하신 사람들 중에 평화로다"(눅 2:14). 우리를 위해 하늘의 영광을 버리고 흙으로 돌아갈 육신을 입으신 주님, 화려한 인생 대신 낮고 천한 곳으로 찾아오신 주님, 존경과 명예 대신 모욕과 수치의 십자가를 지신 주님!

이 시간 주님의 부르심에 감격하여 감사한 마음으로 나왔습니다. 녹록지 않은 한 해였습니다. 여전히 차가운 어둠 가운데 놓여 있거나 깊은 절망의 나락에 주저앉아 있는 우리에게 주여, 다시 오소서! 지치고 상한 곳들을 만지시고, 부서지고 깨진 곳들을 고쳐 주소서. 주님의 치유하시는 은혜를 힘입어 다시 일어나 소망의 밝은 빛을 바라보게 하옵소서.

성탄의 기쁨을 누리며 주님을 향한 우리의 사랑이 더욱 깊어지게 하시고 믿음의 결단으로 더욱 견고하고 신실한 성도가 되게 하옵소서. 그리하여 우리의 일상이 주님의 사랑을 담는 그릇이 되게 하시고, 우리의 발걸음이 주님의 빛을 전하는 축복의 여정을 만들게 하옵소서. 주님의 빛을 우리 마음에 비추어 주옵소서.

힘없는 아기 예수님, 하늘나라의 영원한 왕이시여, 사랑과 평화의 길을 보여 주소서. 벌거벗은 아기 예수님, 하나님의 참된 형상이시여, 우리 속에 아름답고 착한 마음을 지어 주시옵소서.[58]

예수님의 이름으로 기도합니다. 아멘.

따라 쓰는 한 줄 기도

내가 드리는 한 줄 기도

재의 수요일을 위한 기도

욥 42:6; 시 51:17

바람에 흩어질 먼지 같은 우리들
주님의 은혜로 이 자리에 왔으니
흙에서 왔으니, 흙으로 돌아가는
진리를 깨달아 알게 하소서

아픔을 외면하고 우리의 눈을 감고
고통의 신음에 우리의 귀를 닫은
게으르고 무지하며 사랑 없는 우리들
무릎 꿇고(겸손히) 회개하니 새롭게 하소서

재와 같이 태워져 깨끗하게 하소서
주님의 은총의 빛 환히 비추사
어두운 구석구석 밝혀 주시고
정금과 같이 아름답게 하소서

주님의 말씀 마음에 가득 품고
세상을 살리는 참 빛 되게 하소서
십자가 사랑으로 이웃을 감싸안고
무거운 짐을 대신 지게 하소서

빛 담아 걸어가는 주님과의 동행 길
부활의 기쁜 소식 널리 전하는
믿음의 복된 걸음 되게 하소서
소망의 힘찬 걸음 되게 하소서

사순절을 시작하며 드리는 기도

마 4:4; 욜 2:12-13

사랑의 주님, 사순절을 시작하며 새롭게 출발하는 우리 모두와 동행하여 주옵소서. 주님의 고난을 깊이 묵상하는 시간이 되게 하시고, 주님이 오신 이유와 받으신 고난과 십자가를 마음에 품고 살게 하시며, 부활의 소망이 이 짙은 어둠 가운데 움트고 있음을 고백하며, 주님의 빛으로 세상을 밝히는 삶을 살게 하옵소서.

이 사순절이 주님의 말씀을 더욱 깊이 묵상하고, 절제하며 근신할 뿐만 아니라, 우리 자신을 성찰하는 기회가 되게 하옵소서. 우리에게 베푸신 은혜를 기억하며 많은 이들에게 사랑하는 마음으로 나누는 축복의 기간이 되게 하옵소서.

주님이시여, 우리가 세상에 소망과 기쁨을 주며, 많은 이들에게 주님의 축복을 전하는 주님의 손과 발이 되게 하옵소서. 절망과 낙담 가운데 있는 피조물들을 돌아보는 사랑의 시간, 거룩하고 복된 사순절의 여정이 되게 하옵소서.

주님, 사순절 동안 우리의 마음과 생각이 주님의 십자가와 부활을 향하도록 인도하소서. 연약함과 허물을 내려놓고, 회개와 겸손으로 주님 앞에 나아가게 하시며, 우리의 삶 속 작은 행동과 선택까지도 주님의 뜻을 따르게 하옵소서. 십자가의 길이 생명의 길임을 한순간도 잊지 않고, 주님이 앞서가신 그 길 따라 뚜벅뚜벅 세상을 돌파해 나가는 우리가 되게 하소서.[59]

또한 사순절의 여정 속에서 주님의 사랑과 은혜를 새롭게 경험하게 하시고, 우리의 고백과 기도가 우리 자신뿐만 아니라 주변 사람들에게도 평화와 소망을 전하는 통로가 되게 하옵소서. 우리의 삶이 부활의 빛으로 충만하여, 어둠 속에서도 주님을 향한 신뢰와 감사가 끊임없이 자라게 하옵소서. 예수님의 이름으로 기도합니다. 아멘.

따라 쓰는 한 줄 기도

내가 드리는 한 줄 기도

사순절에 드리는 기도

막 8:34; 시 51:10

주님, 주님의 고난을 묵상하는 소중한 계절, 겸손히 주님 앞에 나아갑니다. 주님의 발걸음에 동행하는 귀한 시간을 허락하심에 감사합니다.

주님, 우리 자신을 돌아보니 우리 마음과 삶 속에 죄와 연약함이 가득함을 고백하지 않을 수 없습니다. 주님의 자비와 용서를 구합니다. 불안함과 두려움, 미움과 원망이 여전히 우리를 힘들게 합니다. 오직 주님이 주시는 평강으로 채워 주옵소서.

주님, 저밖에 모르는 이기적인 생각으로 살았습니다. 욕심으로 인해 필요 없는 것들에 집착하며 살았습니다. 세상의 것들에 연연하지 않고 당당하게 십자가를 자랑하도록, 우리를 깨우치시고 인도하옵소서. 예수님이 십자가의 길을 걸으신 그 고난과 사랑을 묵상하며, 우리도 날마다 자기 십자가를 지고 주님을 따르게 하옵소서.

사순절 기간에 실천하겠다고 결심한 것들을 가벼이 여기지 않게 하옵소서. 기도하고 금식하며 절제하는 중에 주님께 더욱 가까이 나아가게 하시고, 나눔과 섬김을 통해 사랑을 실천하게 하옵소서.

주님, 사순절의 여정 가운데 성령께서 우리를 인도하시고, 그 길이 고난과 은혜 속에서 주님과의 친밀함으로 이어지게 하옵소서. 십자가의 은혜를 깊이 깨닫고, 부활의 기쁨을 소망하며 살아가는 우리 삶이 되게 하옵소서.

무엇보다 부활의 복된 소식을 마음에 품고, 우리의 입술과 손과 발로 증언하며 살아가는 사순절이 되게 하옵소서. 예수 그리스도의 이름으로 기도합니다. 아멘.

따라 쓰는 한 줄 기도

내가 드리는 한 줄 기도

종려주일에 드리는 기도

마 21:9; 요 12:13

사랑의 주님, 종려주일을 맞이하여 주님 앞에 나옵니다. 예루살렘성에 입성하시는 주님을 향해 사람들은 "호산나"를 외치며 종려나무 가지를 흔들었습니다. 열광과 환호의 모습이 금세 사라졌음과 그것이 야유와 비난으로 바뀌었음을 기억합니다. 인기와 명예를 버리고 조롱과 멸시를 감내하시며 십자가의 좁은 길을 묵묵히 걸어가신 주님을 생각합니다. 주님의 길을 따르게 하여 주옵소서.

우리 역시 군중들과 다르지 않음을 고백합니다. 세상의 소리에 민감하여 주님께 집중하지 못했습니다. 조금만 힘들어도 중심을 잡지 못하고 힘겨워합니다. "십자가에 못 박아라!"라고 외친 군중들과 크게 다름없이, 오늘도 여전히 어둠의 언어를 쏟아 내고, 절망의 몸짓으로 발버둥을 칩니다. 주님, 보혈의 은혜를 붙잡고 주님의 용서를 구합니다.

예루살렘에 오시고, 예루살렘을 위해 우신 주님, 오늘, 우리의 마음에 오시기를 간구합니다. 우리의 가정과 교회를 위해 우시는 분임을 믿습니다.[60]

무지하고 수시로 요동치며 방황하는 우리를 불쌍히 여겨 주옵소서. 오늘, 고난을 회피하지 않고 끝까지 순종하신 주님을 따라가기 원합니다. 기꺼이 나서는 용기를 주옵소서. 또한 고난의 길을 걸어가신 주님이 결국 부활의 영광으로 향하고 계심을 잊지 않게 하옵소서.

오늘 고난주간을 준비하며 종려주일이 새로운 결단과 순종의 기회가 되게 하여 주옵소서. 예수님의 이름으로 기도합니다. 아멘.

따라 쓰는 한 줄 기도

내가 드리는 한 줄 기도

세족목요일에 드리는 기도

요 13:14-15; 눅 22:19-20

주님, 한없이 더럽고 부끄럽지만, 주님의 은총에 힘입어 주님 앞에 섰습니다. 우리의 부족함을 아시고 채워 주기 원하시는 주님께 주님의 이름으로 기도합니다.

베드로의 발을 친히 씻어 주신 주님의 사랑으로 우리를 받아 주옵소서. 헛된 욕망과 거짓된 야망으로 가득한 우리의 이기적인 모습을 불쌍히 여기시고, 우리 안에 정직한 영을 새롭게 심어 주옵소서. 우리의 연약함과 무기력함을 불쌍히 여기시고 모든 허물을 용서하시며, 세상 속에서 주님의 마음을 품고 살도록 도우소서.

새 계명을 우리에게 주신 주님, 주님이 우리를 사랑하신 것처럼 우리도 서로 섬기며 사랑하게 하옵소서. 우리의 눈에 보이는 이웃뿐 아니라, 보이지 않는 상처와 필요를 지닌 이들에게도 주님의 사랑을 실천하게 하옵소서. 말과 행동, 마음과 생각까지 주님의 뜻에 맞게 거룩하게 사용하도록 인도하여 주옵소서.

주님, 친히 제자의 발을 씻기신 겸손하신 모습을 기억하며, 우리가 주님 앞에서 낮아지고 서로를 섬기는 삶을 살아가게 하옵소서. 우리의 마음이 자랑과 교만에서 벗어나, 섬김과 희생 속에서 주님의 뜻을 발견하게 하시고, 그 안에서 진정한 기쁨과 평안을 누리게 하옵소서.

오늘도 우리를 한량없는 주님의 은혜 가운데로 인도하시고 우리의 발걸음에 동행하옵소서. 우리의 삶 속에서 주님의 사랑이 잔잔히 흘러가게 하시며, 주께서 보여 주신 섬김과 낮아지심을 날마다 기억하고 그 길을 따르게 하옵소서. 우리의 작은 말과 행동 하나하나가 주님의 이름을 높이며, 당신의 영광을 드러내는 은혜의 통로가 되게 하옵소서. 예수님의 이름으로 기도합니다. 아멘.

따라 쓰는 한 줄 기도

내가 드리는 한 줄 기도

성금요일에 드리는 기도

사 53:5; 요 19:30

자비롭고 영원하신 주님, 당신은 우리 죄를 대신하여 당신의 아들을 십자가에 내어 주기까지 우리에게 아낌없이 주시는 분입니다. 우리에게 이 믿음을 주시어 어떤 일에도 두려워하거나 낙망하지 않게 하소서.[61]

주 예수님, 이 거룩한 금요일에 경건한 마음으로 주님 앞에 나옵니다. 우리를 위해 십자가의 고통을 견디신 당신의 희생과 지극한 사랑을 기억합니다. 상상할 수 없는 아픔과 죽음의 공포를 이기시고 우리에게 구원의 선물과 영생의 약속을 주셨습니다. 우리 죄의 무게를 기꺼이 짊어지신 주님의 무한한 사랑에 감사드립니다.

주님, 우리가 주님의 희생과 사랑의 빛 가운데 걸어갈 수 있도록 도와주옵소서. 여전히 자신밖에 모르는 우리를 용서하여 주시고 주님의 사랑이 우리의 기준이 되게 하옵소서. 주님이 사랑하신 것처럼 우리의 이웃을 사랑하고, 주님이 용서하신 것처럼 용서하며, 은혜와 자비로 살도록 가르쳐 주소서.

주님, 주님의 삶을 기억합니다. 고통받는 이들, 억압받는 이들, 아픈 이들을 돌보신 주님의 발자취를 따라 우리도 우리에게 주어진 십자가를 당당히 지고 가게 해 주옵소서.

이 여정의 끝에 죽음이 아닌 부활이 있으며 새로운 생명이 약속되어 있음을 잊지 않게 해 주옵소서. 경건한 마음으로 부활의 기쁨을 기다립니다. 예수님의 이름으로 기도합니다. 아멘.

성토요일에 드리는 기도

시 130:1-2; 롬 6:4

주님, 아무 자격 없는 우리를 위해 십자가에 달리신 주님의 은혜를 묵상합니다. 깊은 어둠 속에서도 주님께 부르짖는 우리의 기도를 들으시고, 주님의 귀에 우리의 간구를 두소서(시 130:1-2).

친히 낮아지사 이 땅에 오셔서 죄인과 약자의 친구가 되어 주신 주님, 우리를 세상의 눈으로 바라보지 않으시고 누구나 하나님의 형상을 지닌 자녀로 상대하신 주님, 결국 자신을 내어 주신 그 지극한 사랑을 기억합니다.

깊은 침묵 가운데 주님이 하신 일들을 묵상합니다. 세상의 소리에서 벗어나 고요히 주님의 무덤 앞에 우리 마음을 내려놓습니다. 고통과 슬픔, 죽음과 절망 속에서도 주님의 손길과 구원의 계획이 분명하게 우리 곁에 있음을 기억하게 하시고, 모든 것이 주님의 뜻 안에서 새로워질 것을 믿게 하옵소서.

주님이 우리의 죄를 용서하시고 부활의 소망을 주신 것을 기억합니다. 오늘 이 어두운 밤이 지나고 새벽의 밝은 빛이 찾아오듯, 부활의 새로운 생명이 우리 모두에게 임하기를 기대하며 기다립니다. 기다림 가운데 주님의 고통의 심연에 참여하기를 원합니다. 주님의 희생을 우리 안에 품기 원합니다.

주님의 생명을 가지고 새롭게 살아갈 것을 다짐합니다. 당신께서 죽음을 지나 부활의 영광으로 일어나신 것처럼, 우리도 새 생명 안에서 주님과 함께 살아가게 하옵소서(롬 6:4).

주여, 오늘 우리의 기도를 믿음의 고백으로 받으시고, 죽음과 절망과 공포를 넘어 부활의 기쁨으로 우리에게 찾아오소서. 주님의 빛으로 이 세상을 밝혀 주옵소서. 예수 그리스도의 이름으로 기도합니다. 아멘.

부활절 아침에 드리는 기도

마 28:6; 고전 15:20

죽음을 이기시고 부활하신 주님, 주님께 간구하오니 우리의 기도를 들어 주소서. 교만과 분노, 인색함과 질투, 낙담과 절망의 그늘에서 벗어나기를 원합니다. 억압하고 군림하는 어둠의 힘에 굴복당하는 세상에 주님의 밝은 빛을 비추어 주소서.

우리를 가두고 있는 무덤의 문을 열어 주소서. 소망의 숨결을 불어넣으시사 다시 주님의 영으로 살아가게 하소서. 더 이상 머뭇거리거나 세상의 권세와 가치에 비굴하게 고개 숙이지 않게 하소서. 당당히 나아가 주님의 살아 계심을 전하고 우리의 삶으로 부활을 증언하게 하소서.

주님, 우리의 마음 깊은 곳에 부활의 기쁨과 감사가 새롭게 솟아나게 하옵소서. 고난과 슬픔 속에서도 주님이 우리와 함께하셨음을 기억하며, 오늘 아침 부활의 빛 안에서 새 삶을 시작하게 하옵소서. 우리 안에 주님의 평강과 희망이 충만하여, 모든 두려움과 불안이 사라지고 기쁨으로 채워지게 하옵소서.

주님, 우리가 부활의 능력을 힘입어 서로를 용서하고 화해하며 사랑하게 하옵소서. 우리의 말과 행동이 주님의 승리와 생명을 가리키는 이정표가 되게 하시고, 이 땅의 어둠 속에서 빛의 사명을 감당하게 하옵소서. 우리 각자의 일상에서 주님의 부활이 실현되도록 인도하여 주옵소서.

주님, 우리의 기도를 들으시고, 부활의 능력으로 세상을 새롭게 하시며, 우리의 마음과 삶을 주님의 영광으로 채워 주소서. 세상 속으로 성큼 들어가 주님의 살아 계심을 찬양하며, 부활의 증인으로 살아가게 하옵소서.

죽음을 이기시고 부활하신 주님, 당신께서 여신 생명의 문에 우리가 들어가도록 우리로 하여금 세상의 것들을 내려놓고 새로운 삶을 살아가게 하소서.[62] 예수님의 이름으로 기도합니다. 아멘.

따라 쓰는 한 줄 기도

내가 드리는 한 줄 기도

부활절 성찬식을 위한 기도

고전 11:23-26; 요 6:53-54

주님이 부활하신 날, 주님의 사랑과 은혜를 기억하며 빵과 잔을 나눕니다. 주님이 친히 당신의 몸과 보혈을 우리를 위해 내어 주셨습니다.

주님, 주님은 죽음이 끝이 아님을 보여 주셨습니다. 다시 살아나심으로 죽음이 이 세상의 끝이 아님을 알려 주셨습니다. 절망과 공포가 아무리 우리를 두렵게 만들어도 끝내 다시 살아나는 기쁨과 소망을 우리에게 선물로 주셨습니다.

세상이 어둡고, 낙담하고 좌절할 수밖에 없다 해도, 질병과 전쟁이 여전히 만연하고 미움과 학대로 가슴이 저며 올 때 주님이 우리에게 말씀하십니다. "나는 부활이요 생명이니 나를 믿는 자는 죽어도 살겠고 무릇 살아서 나를 믿는 자는 영원히 죽지 아니하리니"(요 11:25-26).

복된 부활의 잔치에 우리를 초대해 주심에 감사드립니다. 이 시간이 소망의 식탁, 기쁨의 잔치에 초대된 우리가 주님의 빵과 포도주를 통해 주님의 희생을 기억하게 하시고, 주님이 마침내 부활하셨으며 다시 오신다는 사실을 마음에 깊이 새기게 하옵소서.

주님, 우리의 마음과 몸이 이 성찬을 통해 주님과 더 깊은 사귐을 갖게 하시고, 성령의 능력으로 우리의 삶 속에 부활의 능력이 스며들게 하옵소서. 주님의 사랑과 희생이 우리의 일상에서 실천으로 나타나도록 우리를 깨우치시고, 주님의 부활이 우리를 통해 세상에 희망과 빛으로 전해지게 하옵소서. 예수님의 이름으로 기도합니다. 아멘.

따라 쓰는 한 줄 기도

내가 드리는 한 줄 기도

부활절 예배 후 결단의 기도

롬 6:4; 고전 15:58

우리는 빈 무덤 속에 계신 주님을 생각하며 낙담했던 제자들처럼, 혹은 완전히 실패했다고 조롱했던 군중들처럼 살아왔습니다. 주님, 오늘 우리와 함께하시며 부활의 소망을 확인하게 하시니 참 감사합니다. 우리의 마음과 생각을 새롭게 하시고, 지난날의 죄와 연약함에서 벗어나도록 도우신 은혜에 감사드립니다.

부활을 목격했던 여인들과 제자들처럼 우리도 온 힘 다해 세상에 나가 생명의 숨결을 불어넣게 하옵소서. 더 이상 좌절과 두려움 속에서 음습한 어둠의 노예로 살지 않고 주님의 환한 빛 가운데 걸어가게 하옵소서. 우리 안에 주님의 부활이 실제로 살아 숨 쉬며, 그 빛이 우리의 말과 행동, 선택과 결단 속에서 드러나게 하옵소서.

세상의 헛된 가치를 따라가지 않게 하시고 새로운 하늘의 가치를 우리의 입술과 손과 발로 전하게 하옵소서. 우리의 발걸음마다 주님의 뜻과 사랑이 스며들어, 삶의 길 위에서 만나는 모든 이에게 따스한 희망과 담대한 용기의 빛을 비추게 하옵소서. 세상의 차가움에 불평하기보다 얼어붙은 마음을 녹여 내는 존재가 되게 하옵소서.

우리가 나누는 말과 행동마다 주님의 생명이 깃들어, 주변의 마음들을 일깨우고, 주님의 평화와 기쁨이 흘러가게 하옵소서. 낙심한 자들을 일으키고, 고통받는 자들에게 평안을 전하며, 사랑의 실천을 통해 주님의 부활을 세상에 증거하게 하옵소서. 생명을 살리고 정의의 씨앗을 심는 일에 부지런히 임하게 하옵소서.

주님, 오늘 우리가 드린 예배와 기도가 단순한 의식이 아니라 삶 속에서 살아 움직이는 결단이 되게 하옵소서. 주님의 사랑 안에서 서로를 격려하고 용서하며, 부활의 능력으로 삶의 모든 도전에 맞서게 하옵소서. 우리가 주님의 증인으로 살아가는 동안, 주님의 생명이 우리를 통해 세상에 흘러가도록 인도하여 주옵소서. 예수님의 이름으로 기도합니다. 아멘.

따라 쓰는 한 줄 기도

내가 드리는 한 줄 기도

성령강림절에 드리는 기도

행 1:8, 2:1-4

오순절 다락방에 오셔서 제자들에게 새로운 소망과 용기를 주신 성령님, 구원의 놀라운 소식을 땅끝까지 전하도록 인도하시고 도우신 성령님, 복음의 기적을 보여 주시고 하나님 나라의 아름다움을 역사 가운데 드러내신 성령님, 오늘 우리에게도 동일한 은혜를 허락하소서. 우리 가운데 임하셔서 우리를 새롭게 하소서.

살아 계신 하나님의 영이시여, 성령강림의 날 우리를 찾아와 주소서. 모든 차별과 편견과 불평등을 없애 버리는 강한 바람과 같이 오소서. 우리의 죄악과 더러움을 완전히 태우는 불의 혀와 같이 오소서. 모든 절망과 아픔을 고치는 치유의 숨결로 오소서.

우리의 연약함을 불쌍히 여기시고 소망과 용기를 주시는 보혜사여, 오소서. 주님, 우리 가운데 임하셔서 우리를 새롭게 하소서. 불안과 공포, 이기심과 편견이 가득한 이 세상 속에서 진정한 사랑과 회복, 평화와 소망을 전하는 일에 우리 모두를 사용하여 주소서.

거룩하신 하나님, 찬양과 영광을 주님께 드립니다. 주님, 성령의 능력이 우리 안에서 마르지 않는 샘물처럼 흘러넘치게 하소서.[63] 예수님의 이름으로 기도합니다. 아멘.

따라 쓰는 한 줄 기도

내가 드리는 한 줄 기도

성령의 열매를 구하는 성령강림절 기도

갈 5:22-23; 요 15:5

사랑 우리를 은혜의 자리로 인도하신 주님, 감사합니다. 매일매일 하나님을 더욱 깊이 알고 사랑하게 하소서. 하나님의 말씀대로 살게 하시고 우리의 이웃을 내 몸과 같이 사랑하게 하소서.

희락 세상을 살아가면서 모든 역경과 고난을 이겨 낼 힘을 주시고 하나님이 주시는 참된 기쁨이 우리의 모든 발걸음과 만남에 가득하게 하소서.

화평 하나님이 허락하신 우리의 형제자매들과 하나님의 사랑 안에서 하나 되게 하소서. 사소한 일로 상처를 주고받지 않게 하시고, 예수님의 마음을 품고 먼저 섬기는 평화의 도구가 되게 하소서.

오래 참음 하나님의 도우심 가운데 모든 일이 합력하여 선을 이룰 것을 굳게 믿으며 지금의 고난을 이겨 내게 하소서. 굳건한 믿음 안에서 인내하게 하소서.

자비 선한 마음을 품고 우리가 먼저 손을 내밀어 어려움에 부닥친 이들을 주님의 사랑으로 돌보게 하소서.

양선 가난하고 소외된 자들을 돌아보게 하시고, 아픔과 고통 가운데 있는 이들을 위해 애통하게 하소서. 전쟁, 기근, 자연재해 등으로 힘들어하는 전 세계를 돌아보게 하시고, 그들을 우리 마음에 품고 기도하게 하소서.

충성 하나님이 우리를 부르신 이유를 늘 마음 깊이 생각하며 모든 일

에 나태하지 않게 하시고 주님의 기대에 신실하게 응답하게 하
소서. 하루하루 최선을 다하여 주님을 섬기는 충성된 제자가 되
게 하소서.

온유 주님, 주님의 십자가를 생각하며, 늘 오래 참으며, 작은 일에 일
희일비하지 않으며, 언제나 신실하게 주님을 따르게 하시고, 세
상이 우리를 통하여 주님의 모습을 보게 하소서. 우리의 말과
표정과 행동이 주님의 사랑을 드러내게 하소서.

절제 주님, 우리의 일상에서 허황한 욕심과 잘못된 모든 습관을 버리
게 하소서. 모든 일에 검소함과 정직함과 신실함으로 임하게 하
소서.

예수님의 이름으로 기도합니다. 아멘.

따라 쓰는 한 줄 기도

내가 드리는 한 줄 기도

종교개혁주일에 드리는 기도

롬 1:17; 엡 2:8

사랑과 진리의 하나님, 오늘 종교개혁주일을 맞이하여 주님 앞에 나아갑니다. 변함없는 주님의 말씀 앞에서 우리의 마음을 겸손히 열게 하시고, 주님의 길을 분별하는 지혜를 허락하여 주옵소서.

세상의 악한 권력 앞에서도 복음의 빛을 꺼뜨리지 않았던 용감한 믿음의 선배들을 기억하며 감사드립니다. 그들의 헌신과 눈물, 그리고 진리를 향한 뜨거운 열정이 오늘 우리의 믿음과 공동체를 지탱하고 있음을 고백합니다.

주님, 그렇게 불의와 타협하지 않고 굴복하지 않았던 믿음과 용기를 우리에게도 허락하여 주옵소서. 거짓과 왜곡이 난무하는 시대 속에서 주님의 말씀을 굳게 붙들게 하시고, 두려움에 떨지 않고 진리를 향해 한 걸음 더 나아가는 담대함을 주옵소서. 외로움과 손해가 있더라도 주님의 정의와 사랑을 따르는 길을 선택할 수 있는 굳센 믿음을 더해 주옵소서.

우리를 참된 복음으로, 바른길로 인도하옵소서. 제도와 전통에 안주하거나 얽매이기보다 오롯이 하나님의 말씀을 따르기 위해 생명을 걸고 진리를 선포했던 종교개혁의 정신을 우리에게 부어 주옵소서. 그 정신이 오늘 우리 안에서 새로운 순종으로 이어지게 하시며, 변질된 신앙의 습관을 흔들어 깨우고 주님을 향한 순전한 마음을 회복하게 하옵소서.

주님, 믿음과 교회의 본질을 회복시켜 주옵소서. 교회가 사람의 영광이 아닌 하나님의 영광을 구하게 하시고, 권력이나 욕망이 아닌 복음의 진리 위에 굳게 서게 하옵소서. 예수 그리스도를 따라 사랑과 정의, 자비와 겸손을 실천하는 성도와 공동체로 변화시켜 주옵소서. 우리의 말과 행동이 주님의 복음을 왜곡하지 않고, 세상 속에서 주님의 빛을 드러내는 통로가 되게 하옵소서.

오늘 종교개혁주일에 우리의 마음을 새롭게 하시고, 교회를 새롭게 하시며, 세상을 향한 주님의 뜻을 다시 붙들게 하옵소서. 모든 개혁의 중심에 "오직 하나님께 영광"이 있음을 고백하며, 주님의 교회를 향한 뜻이 오늘도 이루어지기를 간절히 구합니다. 예수 그리스도의 이름으로 기도합니다. 아멘.

따라 쓰는 한 줄 기도

내가 드리는 한 줄 기도

종교개혁주일 결단의 기도

롬 1:17; 딤후 3:16-17

인도자　주님이 우리를 세상으로 보내십니다. 교회와 세상을 바꾼 믿음의 선각자들을 기억합니다.

다 함께　우리의 신앙이 편안함에 안주하지 않게 하시고 진리를 따르는 일에 게으르지 않게 하옵소서.

인도자　신앙의 선조들처럼 하나님의 뜻을 따라 살게 해 주소서.

다 함께　하나님의 자녀답게 하루하루를 책임 있게 살고, 세상을 변화시키는 삶을 살도록 도와주소서.

인도자　우리 교회가 말씀 위에 굳게 서게 하시고, 본질을 잃지 않는 공동체가 되게 하소서.

다 함께　거룩한 성도로서 세상을 변화시키는 사명을 품고 세상으로 나갑니다.

종교개혁주일 결단의 기도

인도자 성령이여, 도우소서. 오직 말씀으로, 오직 은혜로, 오직 믿음으로, 예수 그리스도를 따라, 주님의 영광을 위해 살아가게 하소서.

다 함께 거룩하고 복된 여정에 주님이 동행이 되어 주소서.

따라 쓰는 한 줄 기도

내가 드리는 한 줄 기도

추수감사절을 위한 기도

시 107:1; 골 3:17

사랑의 하나님, 지금까지 우리를 주님의 은혜로 지켜 주시고 인도하여 주셨으니 감사드립니다. 풍성한 열매를 주신 하나님께 감사드립니다. 성실한 농부들의 땀을 통하여 우리에게 일용할 양식을 공급해 주심에 감사합니다. 우리를 돕는 수많은 손길을 축복하시고 그들의 신실한 발걸음에 하늘의 힘을 더하소서.

우리에게 선물로 주신 물질과 능력과 건강을 이기적으로 사용하였음을 회개합니다. 들녘의 곡식들이 아름답게 여물어 가듯 우리 마음도 더욱 성숙하게 하옵소서. 열매 없는 무화과나무처럼 게으름과 안이함 속에 살아온 우리를 용서하여 주옵소서. 땀 흘림 없이, 인내 없이, 그저 탐스러운 열매만을 바라보며 살아온 우리의 허황한 욕심을 용서하옵소서.

땀을 흘리고 시간이 차야 거두게 하시는 하나님의 섭리를 깨닫게 하시고, 그 속에서 삶의 지혜를 얻게 하옵소서. 작은 열매에도 감사하게 하시고, 넘치는 풍요 속에서도 교만하지 않게 하옵소서. 겸손함으로 온전히 주님을 의지하고 부지런함으로 주님의 나라를 이 땅에서 이루어 가도록 도와주옵소서.

우리의 손길을 통하여 이 세상에 일용할 양식을 공급하소서. 주님께 마음을 다해 감사하며 은혜의 풍성함을 누리고, 주님과 겸손하게 동행하며 복음의 풍성함을 증거하고, 주님께 날마다 영광을 돌리며 구원의

감격을 전하는 삶을 살게 하옵소서. 예수님의 이름으로 감사하며 기도
합니다. 아멘.

세례식을 위한 기도

막 16:16; 행 2:38

전능하신 하나님, 영광스럽고 존귀한 세례의 은혜를 허락하심에 감사드립니다. 물과 성령으로 새롭게 태어나는 이 시간, 주님의 밝은 빛으로 우리 안에 있는 모든 어둠을 몰아내 주옵소서.

주님께 숨김없이 우리의 마음 문을 엽니다. 주님의 자비를 간절히 구합니다. 주님의 자녀로서 늘 세상의 빛과 소금으로 살아야 함에도 그렇지 못했음을 용서해 주옵소서. 주님의 말씀을 의지하여 살아야 하지만 우리 자신의 욕심과 무가치한 일들에 몰두했습니다.

주님의 섭리에 기대기보다 알량한 능력과 요행에 속절없이 우리를 맡겼습니다. 주님의 은총을 헤아려 감사와 찬양의 기도 속에 살아야 하지만 부끄러운 말과 행실로 우리 자신을 더럽히고 이웃에 덕을 끼치지 못하였습니다. 도리어 이웃의 슬픔과 아픔을 보고도 우리의 눈과 귀를 막았습니다.

다시 한 번 물과 성령으로 우리를 깨끗하게 씻어 주옵소서. 주님이 우리의 죄악을 용서하시고 어둠에서 나와 주님의 빛 가운데 살아가도록 도우시길 간구합니다.

생명의 주님, 우리에게 세상 무엇과도 비교할 수 없는 축복을 허락하셨습니다. 세례를 통해 자격 없는 우리를 주님의 자녀로 부르시고 용서와 새로운 출발의 은혜를 주심에 감사합니다. 그 은혜를 마음 깊이 간직하는 복된 시간이 되게 하옵소서.

우리의 마음을 깨끗하게 하시고, 한 성령 안에서 우리 모두 주님의 은혜를 머금도록 도우소서. 주님을 바라보며 주님의 삶을 따르기 원합니다. 주님이 도우시고 함께하옵소서. 예수님의 이름으로 기도합니다. 아멘.

따라 쓰는 한 줄 기도

내가 드리는 한 줄 기도

선교주일 혹은 단기선교 파송을 위한 기도

마 28:19-20; 골 4:3

자비로우신 주님, 예수 그리스도를 통해 구원의 은혜를 주심에 감사합니다. 교회를 세우시고 복음의 증인이 되어 복음을 전하라고 말씀하신 주님, 주님 앞에 감히 설 수 없는 우리를 불쌍히 여기시고 용서하시며 정금과 같이 단련하사, 바라건대 우리를 주님의 거룩한 도구로 삼아 주옵소서.

주님, 어둡고 척박한 곳으로 자신을 보내 달라 외치던 이사야의 심정으로 주님 앞에 섭니다. 오늘 "내가 누구를 보내며 누가 우리를 위하여 갈꼬"(사 6:8)라고 하신 주님의 말씀을 다시 듣습니다.

주님, 우리가 여기 있사오니 추수의 땅으로 우리를 보내소서. 두루 다니며 모든 족속을 제자로 삼아 아버지와 아들과 성령의 이름으로 세례를 베풀고 주님이 분부하신 모든 것을 가르쳐 지키게 하옵소서. 세상 끝 날까지 항상 함께하겠다는 약속 위에 굳게 서게 하옵소서. 주님의 영광을 모든 민족 중에, 주님의 하신 일들을 만민에게 선포하게 하옵소서.

주님, 먼저 주님의 마음을 배우게 하옵소서. 우리가 가는 곳곳에서 그 땅의 아픔을 외면하지 않게 하시고, 그들의 언어와 문화가 들려주는 이야기를 들을 줄 아는 겸손한 귀를 허락하옵소서. 우리가 전하는 말보다 우리의 삶이 주님의 복음을 더 선명히 드러내게 하시며, 낮아짐과 섬김의 태도로 주님의 사랑을 보여 주게 하옵소서.

또한 주님, 선교의 여정 가운데 어떤 위험과 두려움이 찾아올지라도 주님의 손으로 지켜 주옵소서. 우리의 마음이 흔들리지 않도록 믿음을 굳건히 붙들어 주시고, 서로를 격려하며 동행하는 공동체가 되게 하옵소서. 선교지를 위한 중보의 불이 사그라지지 않게 하시고, 보냄을 받은 이와 보내는 이가 함께 주님의 나라를 이루게 하옵소서.

성령의 도우심을 구하며 우리의 여정을 인도하여 주시기를 간구합니다. 우리의 언어와 삶이 주님의 영광을 드러내는 도구가 되게 하시며 우리의 발걸음이 많은 이들을 주님께로 인도하는 이정표가 되게 하옵소서. 예수님의 이름으로 기도합니다. 아멘.

따라 쓰는 한 줄 기도

내가 드리는 한 줄 기도

장애인주일을 위한 기도

요 9:1-3; 출 4:11-12

창조주 하나님, 우리에게 생명을 허락하신 주님께 감사합니다. 우리 모두를 존귀한 주님의 자녀로 삼아 주신 주님을 찬양합니다. 사랑하는 이들과 더불어 예수 그리스도 안에서 한 몸을 이루게 하시니 참 감사합니다.

우리의 눈을 열어, 하나님이 허락하신 다양한 부르심을 보게 하옵소서. 우리의 다름이 은혜를 통해 더욱 아름답게 꽃피우게 하옵소서. 우리 모두 주님의 차별 없는 사랑을 실천하는 주님의 거룩한 도구가 되게 하옵소서. 장애가 있는 형제와 자매들을 주님의 이름으로 축복합니다. 주님이 허락하신 존귀한 삶이 밝게 빛나게 하옵소서.

주님, 우리가 서로를 바라볼 때 겉으로 드러난 모습보다 하나님의 형상을 따라 창조된 귀한 영혼을 먼저 보게 하옵소서. 누군가의 약함이 공동체의 짐이 아니라, 서로를 통해 더 깊은 사랑을 배우게 하시는 주님의 선물임을 깨닫게 하옵소서. 서로의 연약함을 보듬고 고통을 함께 짊어지는 사랑의 벗이 되게 하옵소서.

우리 안에 있는 무관심과 편견과 배제의 벽을 허물어 주옵소서. 주님의 마음으로 모든 사람을 차별 없이 존중하며 환대하도록 도와주옵소서. 일상에서 불편이 줄어들도록 한마음으로 노력하게 하옵소서. 변화를 촉구하는 용기를 주시고, 배려를 실천하는 삶에 앞장서게 하옵소서.

주님, 특별히 사회 곳곳의 제도와 환경 또한 새롭게 변화되게 하시어, 장애가 있는 이들이 불편과 고립 속에서 고통을 겪지 않게 도와주옵소서. 교육과 노동뿐 아니라, 문화의 모든 영역에서 동등한 기회를 누릴 수 있도록 우리가 함께 목소리를 내고 손을 내밀게 하옵소서. 주님의 정의가 흘러넘쳐 모든 사람에게 공평하게 닿게 하옵소서.

우리 모두를 믿음의 동반자로 부르신 주님, 함께 어깨동무하고 주님의 나라를 세워 가게 하옵소서. 우리의 삶이 연합하여 선을 이루는 귀한 본보기가 되게 하옵소서. 우리의 친구가 되시며 영원한 도움이 되시는 예수님의 이름으로 기도합니다. 아멘.

따라 쓰는 한 줄 기도

내가 드리는 한 줄 기도

세계성찬주일(혹은 성찬주일) 마음의 준비를 하며 드리는 기도

고전 11:28; 눅 22:19

주님이 친히 베푸신 잔치에 우리를 불러 주심에 감사합니다. 주님이 우리에게 땅을 주시고 우리가 땀을 흘려 일하게 하시니 참 감사합니다. 우리의 생명과 우리가 가진 모든 것이 주님에게서 왔음과 우리의 일상이 기적의 연속이었음을 기억하며 감사합니다.

주님이 친히 우리를 위해 생명을 내어 주신 은혜를 기억합니다. 주님의 살과 피를 먹고 마시며 주님의 놀라운 사랑을 깨닫게 하소서. 우리도 주님이 가신 길을 따라 우리 자신을 이웃을 위해 내어 주기를 원합니다.

주님이 허락하신 떡과 포도주를 먹고 마시려 하오니, 성령이시여, 이곳에 오셔서 우리의 마음을 온전히 주님께로 향하게 하소서. 성령님의 인도하심을 간구합니다.

우리가 하나의 떡과 한 잔의 포도주 안에서 주님의 자녀로, 하나님의 거룩한 백성으로 하나 됨을 확인하게 하시고, 주님 안에서 서로 용납하며 환대하게 하옵소서. 장차 우리에게 허락하실 하늘의 잔치를 꿈꾸며 오늘 우리의 일상에서 주님의 뜻을 이루어 가도록 날마다 도우시고 함께하소서.

오, 사랑의 주님, 당신께서는 이 성찬을 통해 당신의 수난을 기념하
고 선포하라 명령하셨습니다. 또한 당신의 살과 피를 우리에게 주시며
이것을 누리게 하셨습니다. 간절히 기도하오니, 우리에게 주신 당신의
구원을 깊이 깨달아 일상에서 풍성히 열매 맺게 하소서.[64]

성찬의 주인이신 예수 그리스도의 이름으로 기도합니다. 아멘.

따라 쓰는 한 줄 기도

내가 드리는 한 줄 기도

성령강림절 기도

토마스 브룩스(Thomas Brooks)

주님, 당신의 위엄을 경배합니다. 우리의 자격 없음을 인정하며, 그럼에도 당신은 우리 육체와 영에 끊임없이 좋은 선물을 주심에 감사하며, 당신 앞으로 나아갑니다.

오늘은 성령강림절입니다. 우리 주 예수 그리스도께서 당신께로 되돌아가신 후 영광 가운데 다시 오실 때까지 위로자이자 교사인 성령은 우리를 고아처럼 버려두지 않고 우리에게 생명을 주십니다. 이를 통해 우리는 당신이 우리와 함께 있기를 원하셨음을 기억할 수 있습니다. 이 모든 일에 감사드립니다.

당신이 베푸신 이 선한 일 가운데 당신을 합당하게 인정하고 합당하게 찬양하도록 우리를 도우소서. 당신의 말씀이 여기 이곳과 당신을 부르는 모든 곳에서 합당하게 선포되고 들려지게 하소서.

이제 우리가 함께 행하고자 하는 성찬을 거룩하게 하시고 축복하소서. 당신의 빛이 우리를 비추기를, 당신의 평화가 우리 가운데 머물기를 원합니다. 아멘.[65]

마음에도 오소서

이호빈(목사)

마구간에 오신 주님이시여,

짐승만이 들락거리는 우리 마음에도 오시옵소서.

과거에 오셨사오매

지금도 오실 줄 믿사옵니다.

아버지,

이 못된 것들 마음에 찾아와 주셔서

저희들의 생명을 다시 살려 주시옵소서.

기쁜 소식을 들을 줄 아는 마음,

목자의 마음을 가질 수 있게 하여 주시옵소서.

마음에도 오소서

주님 오신 날을 경축하려는 저희 마음에
주님 맞지 않으면 무슨 소용이 있습니까?
주님을 맞을 수 있는 축복을 주시옵소서.
"내가 왔다" 하는 음성을, 그 기쁜 소리를
듣게 하여 주시옵소서.[66]

주님,
한없이 연약하고 부족함에도 불구하고
구원을 허락하시고
주님의 이름을 통해 기도할 수 있는
은혜를 베풀어 주심에 감사드립니다.

기도에 응답하신 하나님의 은혜를
풍성히 나누며 살게 하옵소서.
그리하여 주님이 주시는 축복을 받아 누리는 삶으로부터
축복을 증언하며 나누는 삶으로 나아가게 하옵소서.
예수 그리스도의 이름으로 기도합니다. 아멘.

1 마르틴 루터, "아침 기도", 《프로테스탄트의 기도》(비아, 2020), 126.

2 티시 해리슨, 《오늘이라는 예배》(IVP, 2019), 72-73에서 수정 인용.

3 마르틴 루터, "아침 기도", 앞의 책, 127.

4 이블린 언더힐, 《영성가의 기도》(비아, 2018), 44. 존 헨리 뉴먼의 기도 인용.

5 스탠리 하우어워스, 《신학자의 기도》(비아, 2018), 42.

6 임영수, 《영성 생활을 한다는 것》(두란노, 2017), 137에서 수정 인용.

7 로버트 엘머 엮음, 《하늘에 닿는 기도》(복있는사람, 2024), 57. 필립 도드리지의 기도 인용.

8 아서 배넷, 《기도의 골짜기》(복있는사람, 2018), 173.

9 켄트 아일러스, 《슬기로운 신학 독서》(IVP, 2024), 233에서 수정 인용.

10 스탠리 하우어워스, 앞의 책, 168-169.

11 이블린 언더힐, 앞의 책, 77.

12 헨리 나우웬, 《나우웬과 함께 하는 아침》(IVP, 2001), 40. "결혼, 새로운 실체"에서 인용.

13 조지 스윈녹, "결혼한 부부를 위하여", 팀 체스터 엮음, 《기도의 보석》(생명의말씀사, 2024), 259.

14 스탠리 하우어워스, 앞의 책, 113.

15 마르틴 루터, "혼인 기도", 앞의 책, 179.

16 스탠리 하우어워스, 앞의 책, 136에서 수정 인용.

17 김기석, 《거둠의 기도》(두란노, 2019), 142에서 수정 인용.

18 마르틴 루터, "성령이시여, 교회를 거룩하게 하소서", 앞의 책, 214.

19 새라 코클리, 《십자가》(비아, 2024), 90.

20 팀 체스터, 《하나님을 즐기는 삶》(죠이북스, 2023), 216에서 수정 인용.

21 김기석, 앞의 책, 26-27.

22 마르틴 루터, "평화를 구하는 기도", 앞의 책, 209.

23 헨리 나우웬, 앞의 책, 18. "하나님의 사랑을 받는 자의 기도"에서 수정 인용.

24 스탠리 하우어워스, 앞의 책, 84.

25   새라 코클리, 앞의 책, 76.

26   김기석, 앞의 책, 208.

27   헨리 나우웬, 앞의 책, 26. "두려움을 기도로 바꾸어 주소서"에서 수정 인용.

28   손양원, "고난 중에 드리는 기도", 김영봉, 《사귐의 기도를 위한 기도 선집》(IVP, 2004),
      203. 손양원 목사의 기도 수정 인용.

29   케네스 리치, 《우리는 십자가에 달리신 그리스도를 선포한다》(비아, 2025), 71에서 수
      정 인용.

30   새라 코클리, 앞의 책, 16.

31   스탠리 하우어워스, 앞의 책, 157.

32   헨리 나우웬, 《영적 발돋움》(두란노, 2007), 85.

33   김진혁, 《환대의 신학》(IVP, 2025), 82-84, 233에서 수정 인용.

34   김기석, 앞의 책, 70.

35   이블린 언더힐, 앞의 책, 217에서 수정 인용.

36   팀 체스터, 앞의 책, 170에서 수정 인용.

37   케네스 리치, 앞의 책, 84-85.

38   김기석, 앞의 책, 41.

39   이블린 언더힐, 앞의 책, 224-225.

40   새라 코클리, 앞의 책, 60.

41   아서 배넷, 앞의 책, 220.

42   팀 체스터, 앞의 책, 115에서 재인용. 존 오웬의 기도.

43   이블린 언더힐, 앞의 책, 92. 토마스 아퀴나스의 기도 인용.

44   칼 바르트, 《설교자의 기도》(비아, 2019), 152.

45   로버트 엘머 엮음, 앞의 책, 49. 제러마이어 버로스의 기도 인용.

46   한완상, "왼편 돌리기", 김영봉, 앞의 책, 137.

47   티시 해리슨 워런 외, 《오늘을 위한 작은 기도》(IVP, 2024), 9. "쉬면서"를 본서의 문투
      에 적합하게 수정.

48   스탠리 하우어워스, 앞의 책, 78-79에서 일부 표현을 수정 인용.

49   이블린 언더힐, 앞의 책, 209에서 수정 인용.

50   이블린 언더힐의 기도, "예수여."

51   이블린 언더힐, 앞의 책, 83.

52   임영수, 앞의 책, 138.

53   스탠리 하우어워스, 앞의 책, 194.

54 칼 라너, "임종을 준비하며", 김영봉, 앞의 책, 588.

55 김영봉, 앞의 책, 209.

56 이블린 언더힐, 앞의 책, 38-39.

57 마르틴 루터, 앞의 책, 197.

58 박재순, "아기 예수님", 김영봉, 앞의 책, 601에서 수정 인용. 원작은 동시의 느낌을
    준다.

59 김기석, 앞의 책, 43.

60 이호빈, "종려주일", 김영봉, 앞의 책, 159에서 수정 인용.

61 마르틴 루터, "그리스도의 고난을 묵상하는 기도", 앞의 책, 200.

62 비아 편집부, 《주여, 우리를 구원하소서》(비아, 2023), 15.

63 로버트 엘머 엮음, 앞의 책, 173. 토마스 브룩스의 기도에서 참고.

64 마르틴 루터, "성찬 기도", 앞의 책, 208.

65 칼 바르트, "당신의 영을 주소서", 앞의 책, 98-99.

66 김영봉, 앞의 책, 599.